Geschichte und Freiheitsbewusstsein.
Zur Dialektik der Freiheit bei Hegel und Marx

역사와 자유의식
헤겔과 맑스의 자유의 변증법

• 이 책은 2018년 대한민국 교육부와 한국연구재단의 지원을 받아 수행된 연구이다.
  (NRF-2018S1A3A2075204)

Geschichte und Freiheitsbewusstsein.
Zur Dialektik der Freiheit bei Hegel und Marx

역사와 자유의식

헤겔과 맑스의 자유의 변증법

안드레아스 아른트 지음
Andreas Arndt

한상원 옮김

EDÍTUS

일러두기

- 본문의 [ ] 표기는 옮긴이가 글의 이해를 위해 임의로 추가한 것이다. 다만 인용문 내의 [ ] 표기는 별도 표기를 한 경우를 제외하면 저자가 인용 과정에서 덧붙인 것이다.

- 본문 내용에서 별도의 설명이 필요한 경우 옮긴이 주를 첨가하였다. 본문의 원주는 모두 미주로, 옮긴이 주는 각주로 달았다.

- 미주나 본문 인용 출처 표기에서 대문자 S는 '페이지'를 나타내며, 페이지 수 이후 f.는 '해당 페이지부터 다음 페이지까지', ff.는 '해당 페이지부터 이후 여러 페이지에 걸쳐'를 의미한다.

크리스티네에게

Für Christine

서문

이 책의 제목은 게오르크 루카치의 『역사와 계급의식(Geschichte und Klassenbewusstsein)』[1]을 넌지시 암시한다. [1917년 러시아] 10월 혁명의 영향 하에서, 루카치의 이 책과 더불어 서구의 헤겔-맑스주의가 탄생했다. "맑스주의 변증법 연구"라는 부제는 그 강령을 제시해 주었다. 이를 통해 헤겔을 계승하는, 그러나 동시에 또한 헤겔을 비판하는 '유물론적 변증법'에 대한 심도 깊은 탐색이 시작되었다. 최근 나는 이러한 유물론적 변증법이 헤겔에 대한 양자택일을 제시할 수 있다는 생각에 관해 회의하게 되었다. 그러나 변증법 이외에도, 이제까지 거의 인식되지 못한 헤겔과 맑스 사이의 강한 결합이 존재한다. 그러나 그러한 결합은 정치적 폭발력을 갖는다(혹은 그 때문에 이러한 결합이 인식되지 못했는지도 모른다). 그것은 자유의 역사(Freiheitsgeschichte)라는 개념이다. 나의 텍스트는 이 개념을, 즉 자유의식의 역사적 구성과 자유의 역사적 실현에서의 변증법을 다룬다.

이 책의 논고는 맑스의 기획이 헤겔에 대한 대립으로 귀결되었는가에 관한 점증하는 회의와 커지는 불만으로부터 탄생했다. 나의 맑스 단행본[2] 2판의 후기에서 나는 처음으로 이러한 회의를 표명하였고 그로부터 도출되는 과제들을 제시했다. 이 책은 이러한 기획을 실행하기 위한 최초의 시도인 셈이다.

나는 여기서 표명되는 관점을 여러 차례의 강연들과 대학 강의들에서 전개했다. 이것은 심도 있는 토론들로 이어졌고, 나는 ― 지지와 비판 모두를 통해 ― 그로부터 많은 것을 배웠다. 자신의 회화 작품을 이 책에 사용할 수 있게 허락해 준 나의 친구 나데르 아흐리만(Nader Ahriman)에게 감사한다. 내가 그의 아틀리에에서 이 작품을 처음 본 이래로, 그것은 줄곧 나의 머릿속에서 떠나지 않았다. 그것은 동시에 발터 벤야민의 의미에서의 "변증법적 이미지"로서, 나에게 줄곧 영향을 미쳤고 앞으로 논의될 통찰들을 촉발하는 데 기여했다.[3] 아울러 나는 세심하게 책을 교정하고 참고문헌을 정리해 준 아르네 켈러만(Arne Kellermann)에게 감사한다.

안드레아스 아른트
베를린, 2014년 11월

차례

들어가며

1806년 10월 13일 헤겔은 프리드리히 임마누엘 니트함머(Friedrich Immanuel Niethammer)에게 편지를 썼다. "황제가 — 이 세계혼(Weltseele) 이 — 정찰을 위해 말을 타고 도시를 통과하는 것을 나는 보았네. 여기 한 지점에 응축되어, 말 위에 앉아 세계를 장악하고 세계를 지배하는 그러한 개인을 본다는 것은 실로 놀라운 경험이네."[4] 19세기 말에 등장한 이러한 풍경에 대한 묘사*는 전혀 알려져 있지 않은 철학자인 자신을 짧게 응시한 나폴레옹의 업적을 높이 평가하는 헤겔을 보여 준다. [표지 그림 〈헤겔 기계, 세계혼을 만나다(Die Hegelmaschine trifft die Weltseele)〉에서] 나데르 아흐리만(Nader Ahriman)은 이러한 마주침을 러시아의 영토로 옮겨 이를 낯설게 만들었다. 나폴레옹은 수행원도 없이 귀와 뺨을 추위로부터 보호한 채로 눈 덮인 평원에서 흑마 위에 앉아 있다. 먼 곳에는 산과 구름이 보인다. 이것은 나폴레옹의 패배에 관한 그림이다. 거대한 군대, 그리고 그

---

* 헤겔 사후 60여 년 뒤인 1895년에 『Harper's Magazine』에 실린 〈예나의 헤겔과 나폴레옹 (Hegel and Napoleon in Jena)〉이라는 삽화를 의미한다. 이 삽화는 백마를 타고 가던 나폴레옹이 헤겔을 응시하는 장면을 그리고 있다. 이 삽화는 실화가 아니라 상상을 동원한 창작물이지만, 그것의 영향으로 서구 지식인들은 헤겔과 나폴레옹의 관계를 이 이미지로 기억하곤 한다. 이 그림의 패러디인 나데르 아흐리만의 그림 〈헤겔기계, 세계혼을 만나다〉에서는 나폴레옹이 백마가 아니라 흑마를 타고, (승전의 장소인) 예나에서 헤겔을 주시하는 것이 아니라, (패배를 맛본) 러시아 설원 위에서 '헤겔기계'를 응시한다.

와 함께 세계 지배에 대한 꿈도 산산이 흩어져 버렸다. 이 후퇴는 나폴레옹의 종말의 시작이다. 그는 자신의 역사적 과제를 달성한 것이다.

다시금 헤겔이, 그러나 이번에는 인격으로서의 철학자가 아니라 그의 철학이 등장한다. 헤겔에 따르면, 철학은 사유 속에 파악된 그의 시대다. 철학자는 세계정신의 기록자다. 나데르 아흐리만이 그의 창작물에 이름 붙인 "헤겔기계(Hegelmaschine)"는 세계혼을 만난다. [그림 속의] 헤겔기계는 세계혼을 엿듣는다. 기계 안에서 그리고 기계를 통해 개념은 즉자 대자적으로 노동한다. 헤겔기계는 말을 탄 세계혼[나폴레옹]이 즉자적으로 (an sich) 그 자신이지만, 그러나 알지 못하는 어떤 것을 개념으로 파악한다. 나폴레옹은 그것이 무언인지 이해하지 못한 채로 그가 지각하는 대상을 응시한다. 반면 "헤겔기계"는 그를 주시하고 파악한다. 그것은 세계혼인 나폴레옹 자신이 단지 기계의 기관이라는 것을 알고 있다. 나폴레옹은 자신의 명성과 세계 제국을 위해 투쟁하고자 했으나, 이를 위해 투쟁함으로써 그는 오로지 개념의 작업을 수행할 뿐이다. "헤겔기계"가 나폴레옹을 대하는 것은 노동하는 인간이 자연을 대하는 것과 같다. 1803년 헤겔이 썼듯이, 그[노동하는 인간]는 "오로지 일종의 공동체적 행위만을 상상할 수 있다. 이 행위 안에서 자연은 그 필연성의 길을 스스로 지속하고 개별자는 자연이 그 목적과 일치하는 곳에서 마치 자연을 고대하는 것처럼 자연에 의지하며, 자연은 스스로 운동하는 것처럼 보여서, 그것이 본래 주체에 대해 일어난다는 사실을 기만한다."[5] 나폴레옹은 최고사령관으로서 불멸의 존재가 되고자 했으므로 세계혼이 아니다. 유럽을 점령함으로써 그는 완전히 다른 방식의 세계사적 행위를 완수한다. 여전히 살아남은 봉건적 제도들은 그의 군대가 신은 군화 아래에서 무너졌다. 그의 군대는 시민계급의 승리를 위한 길을 놓았다. 그의 군대가 진군할 때, 그들은 수많은 저장

고들을 약탈하고, 아이들을 비롯한 수많은 사람들의 심장을 무너지게 만들기만 한 것이 아니다. 그의 군대는 동시에 상업의 자유와 민법전(Code Civil), 시민법을 시민사회의 기초로 남겨 놓기도 했다.[6] 이 법전이 이후 나폴레옹 법전(Code Napoléon)으로도 불린 것은 터무니없는 근거에서가 아니다. 이 법전의 확산은 그의 세계사적 행위였다.

헤겔에게 세계사는 자유의식에서의 진보다. "헤겔기계"는 이러한 의식이다. 시민법(bürgerlichen Recht)*에서 인간은 법적 주체로서 자유롭고 평등하다. 그들은 인격으로 인정받는다. 세계정신은 나폴레옹의 출정으로 하나의 전환을 만들어 냈다. 즉, 자유는 현실에 더욱 스며들었고 그 의식을 심화시켰다. 나폴레옹은 이에 대해 아무것도 알지 못했다. 적어도 민법전에 나폴레옹의 이름을 붙인 사람들은 이를 어렴풋이 인지하고 있었다. 이것 역시 자유의식에서의 진보라 하겠다.

"헤겔기계"는 하나의 왜곡된 형상이다. 그것은 자기 자신과 관계하며 바로 이를 통해 전 세계와 세계사와도 관계한다. 그렇지 않다면 그것은 나폴레옹을 파악할 수 없었을 것이다. 그것은 자기 내에서 굴절한다. 자기반성은 그것의 구성에서 하나의 본질적인 특징이다. [그림 속에서] 기독교의 상징으로서의 십자가는 초월성을 포착하려는 안테나처럼 헤겔기계로부터 솟아나 있다. 헤겔에게 기독교는 완성된 종교인데, 왜냐하면 그것은 자유의 종교이기 때문이다. 그러나 이러한 자유는 피안에 내맡겨진 것이 아니다. 오히려 "종교적인 것은 그 천상의 실존을 현세적 차안으로 그리고 보통의 세속성으로 [⋯] 격하시키며, 이에 반해 세속적인 것은 그 추상적 대자

---

* 이 단어는 맥락에 따라 '시민적 권리'로 이해해도 무방하다. 독일어 Recht는 '법'과 '권리'라는 두 의미를 모두 가지고 있다. 실제로 저자가 헤겔을 통해 현대 시민법을 옹호하는 이유도 그것이 자유에 대한 개인의 권리를 실현해 주기 때문이다. Recht는 맥락에 따라 '법'으로도, 또는 '권리'로도 옮기기로 한다. 둘 다를 의미하거나 구분이 어려울 때에는 둘 다 표기하도록 한다.

존재(Fürsichseyn)를 […] 법과 법칙의 이성성으로 고양"[7]시킴으로써 천상과 현세 사이의 대립은 지양되어야 한다. 그리하여 "헤겔기계"의 십자가는 자기 내 반성을 통해 그것의 또 다른 끝에서는 다시금 현세를 가리킨다.* 초월성은 현세적 개념의 내재성으로 포섭된다.

헤겔에 따르면, 이 세계에 속하는 것은 또한 신체적 욕구들이다. "그러나 인간이 살아 있는 존재라는 사실은 우연적인 것이 아니라 이성에 합당한 일이며, 그러한 한에서 인간은 자신의 욕구를 자신의 목적으로 만들 권리를 가지고 있다. 누군가가 살아 있다는 사실에는 어떠한 경멸적인 것도 존재하지 않으며, 인간을 존재할 수 있게 하는 어떠한 더 고차적인 정신성이 그에 대립하지도 않는다."[8] 그러므로 "헤겔기계"는 또한 영양분을 준비한다. 그것은 비판가들이 생각하는 것보다 더 유물론적이다. 자세히 들여다보면, 이달의 샌드위치는 1.5유로라는 가격 옆에, 독일철도주식회사 직원이 작성한, [승객이] 스스로 사용하기 위한 (이 역시 자기 관계성의 하나의 형태다) 설명서가 있음을 발견할 수 있다. "욕구의 체계" ─ 경제의 영역 ─ 는 "헤겔기계"에 통합되어 있다. 그것은 객관정신의 한 부분이다.

그러나 이 욕구의 체계는 또한 문제를 초래한다. 그것이 생산하는 것은 개념에 대해 온전히 받아들여질 수 없다. 헤겔에 따르면 욕구의 체계는 여기서 사유재산의 소유자들이 자기만의 이익 속에 행위할 수 있는, 그러나 이때 만인의 욕구를 위해 노동하게 되는 그러한 자유의 영역을 찾는 것에서 비롯한다. 그러나 아담 스미스와 달리 헤겔은 맹목적으로 시장의 보이지 않는 손을 신뢰하지 않는다. 그는 자본주의의 발전을 정확히 추적한다.

---

* 아흐리만의 그림에 그려진 십자가는 양쪽으로 이분화된 모양을 보여 주고 있다. 하나의 십자가이지만 그 끝이 한쪽은 천상을, 다른 한쪽은 현세를 향하고 있는 이 구도는 '자기 내 반성된', 즉 서로를 거울 이미지로 비추고 있는 두 대립물의 통일을 나타낸다. 그리고 이는 정신적 이념과 세속적 현실의 자기반성적 통일을 뜻한다고 저자는 설명하고 있다.

그는 사회가 빈민과 부자로 분열하고 이와 더불어 정치적 공동체, 즉 국가가 해체될 위협에 처한다는 것을 보았다. 빈민들은 법(Recht)에 대해 비아냥댄다. 왜냐하면 그들은 자신의 권리(Recht)를 얻지 못하기 때문이다. 이 권리에는 가장 우선적으로 생존할 수 있는 권리가 속하는데도 말이다. 부자들도 법을 비아냥댄다. 왜냐하면 그들은 법을 그들의 지배를 위한 수단으로 간주하기 때문이다. 즉, 법은 화폐, 공장, 토지 그리고 임노동자와 마찬가지로 그들에게 귀속된 것이다. 헤겔은 두 경우 모두에서 천민(Pöbel), 부유한 천민과 빈곤한 천민을 언급한다. 어떤 경우에도 천민은 정치적 공동체를 장악해선 안 된다. 그러나 헤겔은 현실적 해결책을 알지 못했다. 그럼에도 그가 이 문제를 매우 날카롭게 드러냈다는 사실만으로도 그에게 영예가 돌아가야 하지만, 그러나 이 문제는 "헤겔기계"에서 삐걱거린 채로 남아 있다.

칼 맑스는 이를 목도했다. 그는 시민사회[부르주아 사회]가 어떻게 기능하며 어째서 그것이 "헤겔기계"에게서 문제를 일으키는지를 설명하고자 시도했다. 맑스는 해부학자가 되어 시민사회를 분석한다. 그는 빈곤과 부가 법의 손상으로 인해 불평등하게 분배되는 것이 아니라는 결론에 도달했다. 나폴레옹 법전은 분명 통용되고 있다. 모든 것은 법대로 진행되고 있다. 그러나 동시에 맑스는 기존의 자유 개념이 너무나 빈약하게 이해되고 있음을 간파했다. 시민법 내에서 인격체들의 법적 평등은 법이 침식되고 천민이 등장하는 것을 막을 수 없다. 경제의 영역을 만인의 자유의 영역으로 만들기 위해서는 사회적 권리와 자유가 필요하다. 자유의 개념은 사회적 현실에 대한 통찰 속에서 새롭게 규정되어야만 했다.

다수의 맑스주의자들은 맑스가 "헤겔기계"를 폐기했고, 기껏해야 일부를 받아들여 하나의 새로운 기계를 건설했다는 견해를 취한다. 그가 새로운 기계를 "역사적 유물론"이라는 이름으로 소개했다는 것이다. 정작 맑스 자신은 이러한 표현을 사용하지 않았으며, 맑스 사후 프리드리히 엥겔스가 비로소 이를 유행시켰다. 맑스가 "헤겔기계"를 수리하였는지 아니면 새로운 구성물을 통해 개선하였는지 하는 물음은 근본적으로 중요하지 않다. 헤겔에게서도 맑스에게서도 중요시되는 역사는 자유의 역사로 남아 있다. 맑스에게서도 중요한 것은 자유의 왕국(Reich der Freiheit)이며, 그러나 이 왕국은 필연의 왕국(Reich der Notwendigkeit) ― 헤겔의 "욕구의 체계" ― 이 이성적이고 인간의 존엄에 적합한 방식으로 실행될 때라야 꽃피울 수 있을 것이다. 이때 맑스는 사유의 역사가 멀리 떨어져 있으며 특히 그 종교적 근원을 갖는다는 것을 알고 있었다. 1843년에 그는 여전히 이렇게 쓰고 있다. "인간 정신의 발전 수준의 종교적 표현인 종교적 정신은, 인간 정신의 발전 수준이 그 세속적 형태 속에서 출현하고 구성되는 한에서 비로소 실현될 수 있다. 이것은 민주적 국가에서 일어날 것이다."[9] 우리는 맑스를 읽는데 [여기서] "헤겔기계"가 들린다.

발터 벤야민은 "역사적 유물론"을 하나의 기계로 묘사했는데, 이 기계는 해방을 현재화하기 위해 신학을 고용한다. "하나의 자동기계가 있었다고 알려져 있는데, 이 기계는 체스 선수의 모든 수에 대응하는 수를 선보이며, 그 기계가 경기에서 이기도록 구성되어 있다. 터키 복장의 인형이 입에는 물담배를 물고 넓은 책상이 받치고 있는 체스판 앞에 앉았다. 거울의 체계를 이용해, 이 책상이 어떤 면에서 보더라도 투명해 보인다는 환상이 만들어졌다. 실제로는 체스 경기의 장인인 꼽추 난쟁이가 그 안에 앉아 인형의 손을 끈으로 조종했다. 이 장치에 상응하는 짝을 철학에서 떠올려 볼 수 있을 것이다. 이기게끔 되어 있는 것은 '역사적 유물론'으로 불리는 인형이다. 그것은 오늘날 명백히 왜소하고 추하며 어차피 눈에 드러나서는 안 되는 신학을 고용한다면, 누구와도 겨뤄볼 수 있을 것이다."[10]

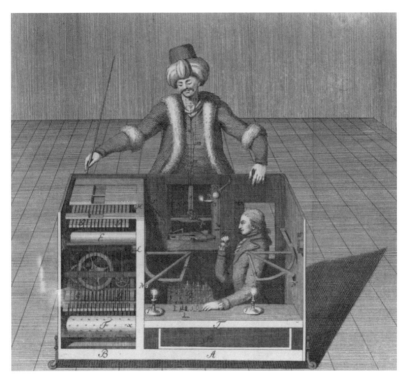

요제프 프리드리히 라크니츠(Joseph Friedrich zu Racknitz) 남작의 동판화.
〈폰 켐펠렌 씨의 체스 선수와 그에 대한 모사〉, 라이프치히와 드레스덴 1789.

더욱이 이 자동기계의 고안자인 볼프강 폰 켐펠렌(Wolfgang von Kempelen)은 테레지아 법전(Codex Theresianus), 즉 합스부르크 왕국 민법전의 독일어 판본에 참여했던 것이 분명하다. 전설에 따르면, 나폴레옹은 1806년에 프로이센의 패배 직후 포츠담에 남아 있던 체스 자동기계와 시

들어가며

합을 했으며 패배했다고 한다. 아마도 이것 역시 그가 그곳에서 마주한, 그리고 그의 패배를 예언하고 동시에 나폴레옹 법전의 승리를 예언한 "헤겔기계"였으리라. 어느 경우든 체스 선수는 맑스주의 안에 있는 헤겔적 유산인 변증법을 나타낸다. 스탈린주의적 주장에 따르면, 헤겔은 프로이센 반동의 철학자였다. 에른스트 블로흐(Ernst Bloch)는 탈스탈린화의 해이자 동시에 헤겔 사후 125주년인 1956년, 이에 대항하며 다음과 같이 말했다. "이제 충분하다. 이제 밀레* 대신 결국은 체스를 둬야 한다."[11]

아마도 "역사적 유물론"이라는 체스 자동기계는 "헤겔기계"가 현상하는 방식 중 하나일 뿐이거나 아니면 아예 그것과 동일할 것이다. 뒤따르는 본문에서 이를 추적해 보고자 한다. 내가 보기에, 옛 시도들 속에서 나타났던 것, 즉 혁명적 변증법을 — 그것이 무엇이든지 간에 — 한자 한자 규명하는 일보다도 헤겔과 맑스를 더욱 가까이 접근시키는 데에는 물론 그럴 만한 이유가 존재한다. 그러한 새로운, 비판적 헤겔-맑스주의는 교조화로 퇴보할 위험에서 벗어날 수 있으며, 맑스 이론의 사회비판적 잠재력에 대해 편향됨 없이 논의하는 데 기여할 것이다.[12] 그럴 때 드러나는 것은 — 그리고 이것이 이 책의 주제인데 — 맑스와 헤겔은 개인적 자유를 사회적 해방의 불가피한 요소로 만드는, 자유의 역사적인 관점에서 서로 마주친다는 사실이다.

---

* Mühle는 원래 '제분소'나 '풍차'라는 뜻이지만, 우리의 오목과 비슷한, 로마시대에 유래한 말판 놀이라는 의미도 가지고 있다. 바둑돌과 비슷한 흰 돌과 검은 돌을 각각 9개씩 가지고 시작해서 상대를 꼼짝하지 못하게 만드는 시합이다. 영어로는 나인 멘스 모리스(Nine Men's Morris)라고도 한다.

1. 어떤 자유인가?

헤겔 철학은 자유의 철학이다.[13] 이러한 관점이 경청되기까지 오랜 시간이 필요했다. 그러나 헤겔은 보편자를 위해 개별자를 희생시킨 철학자로 간주되었고 간주되고 있다. [헤겔이] '프로이센 국가철학자'라는 언급을 맑스는 무한히 어리석은 것으로 보았는데[14], 이러한 언급은 오늘날까지도 그치지 않고 있다. 그러나 자유 개념이 헤겔 사유의 핵심에 놓여 있다는 사실은, 그가 세계사를 자유 개념에 예속시키는 데에서 분명히 드러난다. 세계사는 자유의식에서의 진보다. 이 의식은 자신의 완성된 형태를 헤겔의 절대자 개념, 즉 방법으로서 절대이념에서 찾는다. 절대자는 자유 개념과 다르지 않다. 그리고 존재하는 모든 것에서 다시금 발견할 수 있는 방법으로서, 자유 개념은 현존하는 모든 것의 판단을 위한 규범이다. 본래적인 의미에서 오직 이성적인 것만이 현실적이며, 그리고 어떤 것은 그것이 자유의 실현으로 간주될 수 있는 한에서만 이성적이다. 헤겔 철학은 그 가장 추상적으로 보이는 규정들에 이르기까지 자유의 철학이다. 그러나 인간적 자유의 일정한 실현이 다뤄진다면, 그것은 어떤 자유를 뜻하는가?

그런데 자유 개념은 어떠한 긍정적(positiv)인 대상을 지칭할 수 없기 때문에 난해하다. 이것은 자유에 대한 부정적(negativ) 이해가 자생적으로 우세해지는 이유를 설명해 준다. 그러한 부정적 이해에 따르면, 자유롭다는 것은 행위 속에서 또는 어떤 상태에서 타인 또는 타자에 의해 규정되지 않는 것을 의미한다. 그리하여 자유에 대한 사고는 자유의 주제화 자체로부터 출발하는 것이 아니라, 필연성, 운명 그리고 우연에 대한 사고의 틀 속에서 출발한다.[15] 『순수이성비판』의 세 번째 이율배반에서 칸트는 자유 개념의 어려움을 다음과 같이 날카롭게 특징지었다. 즉, 자유는 긍정적으로 증명되지 않으며, 단적으로 반박될 뿐이다. 자유는 그 실천적 현실성을 도덕법칙이라는 사실성 속에 획득하는데, 이러한 자유의 실천적 현실성은 [단지] 자유의 이론적 가능성이 배제될 수 없다는 데에서 기인하는 것이다.

아도르노는 "현저한 의미에서 자유와 같은 어떤 것은 존재하지 않으며, 자유란 비로소 만들어져야 할 것, 비로소 만들어지는 것"[16]이라는 결론을 이끌어 내면서 이러한 논의를 이어받는다. 자유에 관해 말할 수 있는 것은, 그 가능성이 주어져 있기 때문일 뿐이라는 것이다. 즉, "구체적으로 말해, 자유가 실현될 수 있기 때문이다."[17] 이에 따르면 자유 개념은 변증법적이면서[18] 또한 "전적으로 역사적인 범주"[19]다. 그러나 이때 아도르노는 자유의 실현 가능성을 특정한 사회적 조건의 발전에 무조건적으로 의존하도록 만들지는 않으려 한다. "저는 거의 헤겔과 맑스의 변증법 전통 전체에 대립하여, 그것이 본래 항상 가능할 것이라고, 그것이 매 순간 가능할 것이라고 생각하고자 합니다."[20] 아도르노는 그러한 추상적 가능성은 현실적인 가능성이 아니라는 반론을, "추상적 불가능성: 사후적인(post festum) 추상적 불가능성"[21] 역시 존재한다는 확신을 통해 막아 낸다. 이제 분명해지는 것은 자유 운동에 대한 억압이 자유가 실현될 수 없다는 점을 증명하는 것은 아니며, 그것은 오히려 정반대를 증명한다는 사실이다. 그럼에도 — 물론 아도르노에 의해 오로지 처음부터 거부할 수 없는 것으로 간주될 뿐인 — 반대의 가정, 즉 자유는 언제나 실현될 수 있다는 것은 그 귀결상 자유 개념으로부터 그 역사적 성격을 박탈하는 셈이다. 사회적 개인들은 그 자체로, 그 가능성에 따라 이미 언제나 자유로울 것이며, 이러한 가능성은 **직접적으로**, 즉 그것이 실현되는 특수한 조건으로부터 독립적으로 작동할 것이다.

루소의『사회계약론(Du Contrat social)』1장은 다음과 같은 유명한 문장으로 시작한다. "인간은 자유롭게 태어났지만, 도처에서 쇠사슬에 묶여 있다."[22] [그러나] 헤겔이 보기에 인간은 그가 마땅한 법적이고 정치적 관계 내에서 태어날 때 비로소 자유롭게 태어나는 것이다. 자유는 역사적 귀결이지, 자연 상태에서의 역사의 전제가 아니다. 이를 통해 헤겔은 계약론적 사회화 모델뿐만 아니라, 동시에 또한 자유를 무엇인가로부터의 자유로 고찰하는 자유에 대한 부정적 이해와도 거리를 둔다. 자유의 역사는, 비록 헤겔이 놀랍게도 이를 너무 적게 언급할 뿐이지만[23], 본질적으로 법[권리]의 역사다.

헤겔에게 법은 "자유의지의 현존이다. […] 그것은 따라서 전적으로 이념으로서의 자유다."[24]『법철학 강요(Grundlinien der Philosophie des Rechts)』29절의 이러한 규정은 계약론적 사회화 모델의 근거를 이루는 법에 대한 부정적 관점을 비판한다. 명백히 헤겔은 여기서 루소 이래로 확산된 관점을 따르고 있는 칸트 법이론을 지적한다. 이러한 관점대로라면, "의지는 즉자 대자적으로 존재하는, 이성적인 것이 아니라 […] 특수한 개인으로서, 그의 고유한 자의 속에 있는 개별자의 의지로서 실체적 토대이자 일자여야 한다."[25] 이러한 관점의 근본적인 사고는 예컨대 개별자가 자연으로부터 자유롭다는 것이다. 자유는 우리가 사회를 통해 도달하는 모든 강제의 부재로 간주되며, 이러한 강제를 최소화하는 것이 중요시된다.

이것은 헤겔의 관점이 아니다. 그리고 동시에 이것은 매우 분명하게 언급되어야 하는데, 비록 헤겔에게 개별자의 인격적 자유가 마찬가지로 지

1. 어떤 자유인가?

고의 선을 표현하지는 않음에도 불구하고, 그것은 현대성의 표지이며, 현대성의 철학으로서 헤겔 철학은 따라서 주체적 자유의 철학이다. "자기만족성이라는 주체의 특수성의 권리 또는, 이와 같은 것인데, 주체적 자유의 권리는 고대와 현시대의 차이에 있어서 전환점이자 중심점을 이룬다. […] 이러한 특수성의 원칙은 물론 대립의 계기이며, 우선은 적어도 보편과 동일할 뿐만 아니라, 그와 구분되는 것이기도 하다."[26] 특수성의 권리는 보편적 권리로서 요구되고 인정됨으로써, 보편성과 동일한 것이다. 그것은 첫눈에는(prima vista) 특수성으로서 보편성에 대립함으로써, 보편성과 구분된다.

법, 인륜성(Sittlichkeit) 그리고 국가를 통한 이러한 모순의 매개는 현대성의 본래적인 문명적 과제다. 이러한 매개가 성공하는 한에서, 그것을 대변하는 것은 결국 구체적 보편성 개념이다. 이 개념은 자유의 사회적이고 정치적인 차원을 나타낸다. 자유의 현존재로서 [법의] 발전의 상이한 단계들은 "자유 개념의 발전의 구별들"을 재현한다. "정신이 그 안에서 규정과 현실성을 위한 자신의 이념 속에 포함된 추가적인 계기들을 자기 내로 끌어들이는 정신의 영역과 단계는 더 형식적인, 즉 더 추상적이며 따라서 더 제약된 법에 반(反)해서, 더욱 구체적인, 자기 내에서 더욱 풍요로우며 참으로 보편적인 것으로서 바로 이와 더불어 더욱 고차적인 법을 갖는다."[27] 따라서 중요한 것은 헤겔이 "법"이라고 부른 것의 영역 속에서 자유 개념의 단계적인 구체화인 것이다.

그러나 헤겔의 자유에 대한 관점은 어떤 점에서 루소나 칸트 식의 부정적 자유 개념으로부터 구분되는가? 짧게 말해, 헤겔에게서 법은 자유를 제약하는 것이 아니라, 자유와 일치한다. 그것은 자유의 현존재다. 이것이 의미하는 바는, 개별자가 이기적으로 전개하며, 법을 통해 비로소 사회적인 힘으로 만들어져야만 하는 자유가 아니라, 자유의 공간을 최대한 개방하는 법적이고 국가적인 구조들이 근본적으로 헤겔이 세계사의 노동이라고 부른 것을 통해 비로소 형성될 수 있는 사회적 연관이 우선시되어야 한다는 것이다. 말하자면, 개인적 자유는 법적 상태 이전에 존재하는 것이 아니라, 오히려 법적 상태의 산물이다. 더 정확히 말해, 그것은 이미 언급했듯이, 현대성의 산물이자 표지인 것이다. 헤겔은 이를 향한 과정을 자유의 역사라고 묘사한다.

개인적 자유, 즉 특수성의 권리는 헤겔에게 현대적인 법[권리]에 대한 관점의 전제가 아니라 결과다. 그러나 헤겔에 따르면 이러한 결과로부터 매우 포괄적인 귀결이 도출될 수 있다. 이로부터 도출되는 하나의 본질적인 귀결은 인격으로서 인간의 평등에 대한 사고다. "인간은 그가 유대인, 가톨릭, 프로테스탄트, 독일인, 이탈리아인 등이기 때문이 아니라, 그가 인간이기 때문에 중요한 것이다. 사유가 적용되는 이러한 의식은 무한한 중요성을 갖는다."[28] 이를 통해 **인간임**(Menschen-sein)은 하나의 법적 규정으로 표현된다. 그것은 — 헤겔이 유대인의 시민적 지위에 대한 통찰 속에 언급하듯 — "평면적인, 추상적인 성질"[29] 이상의 것이다. 인간으로서의 인간이 그의 단순한 인간임을 통해, 게다가 자연으로부터가 아니라, 현대성의 지반 위에서 비로소 법적 주체가 된다는 사실은 인권에 대한 헤겔의 관점을 보여 준다.[30] 말하자면, 인권은 사회적으로 매개된 자연권이라는 역설적인 지위를 갖는 것처럼 보인다. 현대성에 이르러 비로소 법은 인간임을 권리 규정으로 구성한다.

인격적 자유의 법적으로 구성된, 그러나 규제되지 않는 영역은 도덕성의 개입을 나타낸다. 도덕성 역시 자유의 영역이다. 나는 여기서 본질적으로 칸트와 피히테의 소위 당위윤리학(Sollensethik)을 겨냥한 헤겔의 도덕성 비판을 더 이상 언급하지 않고, 단지 헤겔이 이 영역의 특징으로 본 근본적인 난점을 제시하고자 한다. 당위윤리학의 명령, 규칙 또는 준칙들은 추상적-일반적이라는 점에서 법적 명제들과 일치한다. 그러나 법은 흡사 주어진 보편성의(국가의) **측면에서** 주체에 객관적으로 대립하는 규범 정립에서 기인하지 않는 보편성이다. 그것은 오히려 주체 자신에 의해 정립된 보편성이다. 여기서도 중요한 것은 주체적 자유, 즉 특수성의 권리다. "내가 이성적인 것으로 보지 않는, 아무것도 인정하지 않을 권리는 주체의 최고의 권리다." 이러한 권리는 그러나 근본적인 어려움을 드러내며 헤겔은 따라서 직접적으로 이 권리가 "동시에 형식적"이며, "이에 반해 객관적인 것으로서 이성적인 것의 권리는 주체에게서 확고하게 남아 있다"[31]고 계속해서 말한다. 자유를 파괴하지 않으려면 양자는 결합되어야 한다. 즉, 자유는 여기에서 한편으로는 사회적 개인들의 유대를 해체하는 주체성의 단순한 자의라는, 그리고 다른 한편으로는 주체성의 권리를 침식시키는 사회적 객관성으로 강요되고 있는 추상적 보편성이라는 두 측면에서 위협받고 있는 것이다. 주체적인 것과 보편적인 것의 결합은 "따라서 구체적인, 선과 주관적 의지의 동일성" 혹은 "그러나 즉자적으로 존재하는 법에 대한 주체적인 신념"[32]으로서의 인륜성이다.

인륜성과 함께 우리는 구체적 보편성의 영역에 진입했다. 도덕성은 인륜성으로 지양된다. 그러나 이것은 결코 인격적 자유의 상실을 의미하지 않는다. "지양(止揚, Aufhebung)"이 의미하는 바는 오히려 다음과 같다. 도덕성 그리고 이와 함께 주체성의 절대적 권리는 인륜성이라는 확장된 형태 속에서 다시금 형성된다. 이것이 일어나는 영역은 시민사회다. 헤겔에 따르면, 여기서 "도덕성은 그 위치를, 특수한 개인의 자기 내 존재를"[33] 갖는다. 이제 헤겔에게 시민사회는 직접적인 혹은 자연적인 인륜성인 가족과 국가 사이의 차이를 뜻했다. 헤겔이 보기에 이러한 차이는 현대성의 표지이며, 비록 그것이 인륜성 내에서 다시금 "형식적 보편성"과 외재성의 영역을 표현하고 있다 해도 철회되어서는 안 되는 것이다.[34] 이로부터 이중적 과제가 등장하는데, 그것은 인륜성으로의 이행에 대한 매개의 문제가 아직 해소되지 않았으며, 심지어 더욱 첨예해졌다는 사실을 부각시킨다. 헤겔의 확신에 따르면, 도덕성의 입장은 국가를 침범하고 자기 고유의 영역을 벗어나서는 안 되며, 거꾸로 — 그리고 이것은 명백히 강조돼야 한다 — 헤겔에게서 인륜성이 요약되는 공간인 국가는 전체주의적인 방식으로 도덕성의 영역에 침투하여 개인적인 삶의 기획들을 추구할 자유를 가부장주의적인 규정들로 대체해서도 안 된다. 여기에는 하나의 근본적인 긴장이 놓여 있다.

보편성에 대항하여 특수성의 권리를 옹호하는 것은 보편성의 전체주의적인 요구를 저지할 수 있는 필수적인 수단이다. 반대로 특수성의 자립화는 정치적 공동체의 파괴 위험을 낳는다. 그것은 헤겔이 보기에 시민사회의 고유한 동학과 더불어 실재적으로 된 위험이다. 왜냐하면 시민사회는 한편으로 모두가 자신의 생활필수품을 노동을 통해 벌어들이기를 요구하지만, 다른 한편으로 이를 보장할 수 없기 때문이다. 헤겔은 이에 대한 어떠한 해답도 알지 못했다. 그러나 그는 이 문제를 분명히 직시했다. 이것은 그에게 주변적인 문제가 아니었다. 시민사회가 일종의 사회적 수준에서 인격적 자유의 무대라면, 시민사회의 모순을 통해 바로 이 영역 안에서 인구의 거대한 부분이 그들의 자유의 실현으로부터 배제되기 때문이다. 국가가 여기에 규제적으로 개입할 수 있으리라는 것이 헤겔의 희망이었다.

나는 여기서 헤겔의 국가론을 더 자세히 다루지 않고, 헤겔의 입장을 이해(또는 오인)하는 데 특별한 의미가 있는 한 지점을 제시하고자 한다. 『법철학

1. 어떤 자유인가?

강요』에서 실체적 통일성으로서 국가는 "자기 목적"이며 따라서 "개별자들에 대한 최상의 권리를" 갖는다고 명시돼 있다. 즉, "개별자들의 최고의 의무는 국가의 구성원이 되는 것이다."[35] 이 표현들은 헤겔이 가진 자유의 사고에 대한 경멸을 가정하기 위해 줄곧 인용된다. 그러나 헤겔의 언급은 (주체성의 권리를 포함하는) 자유의 현존에 대한 통찰 속에서 타당성을 요구한다. 이것이 의미하는 바는 헤겔은 전적으로 자유의 문제를 개인적 관점에서 도출하며, 이를 결국 사회적 자연 관계의 형태와 개인들 상호 간의 사회적이고 정치적인 관계의 형태라는 문제로 만든다는 사실이다. 이 관계들 속에서는 "새로운 세계 일반의 원칙"이, 다시 말해 "주체성의 자유"가 입증되어야 한다. "자유로운 주체성의 원칙을 자기 내에 담아내지 못하고 생성된 이성에 합치될 줄 모르는"[36] 모든 국가적 헌정(憲政)이 (그리고 그들과 더불어 모든 사회적 조직 형태들이) 일면적인 것은 이런 이유에서다.

2. 자유의식과 자유의 실현

이제까지의 관점을 요약하자면 이러하다. 헤겔의 근본적인 통찰은 법이 자유의 공간을 최대한 구성하며, 심지어 자연법적인 규정들은 자유의 역사의 결과라는 것이다. 그러나 이러한 역사는 두 요소를 갖는데, 이들의 상호 관계는 헤겔에게서 완전히 해명되지 않았다. 한편으로 세계사는 결정적으로 자유의 의식에서의 진보다. 다른 한편으로 이 의식은 자유의 실재, 법적이고 정치적인 제도들과 관계들로부터 독립적이지 않다. 헤겔이 강조하듯, 철학이 "사유 속에 파악된 그 시대"로 이해될 수 있다면[37], 시대의 역사적 상황 — "시대정신" — 역시 철학의 전제라 할 수 있다. 철학은 헤겔이 절대정신이라고 부른 것 중에 (예술과 종교에 이어) 셋째이자 최고의 형태다. 절대정신은 자기 관계적이기 때문에, 즉 인간 정신이 여기서 자기 자신에 대해 이해하며 자기 자신을 파악하고자 시도하기 때문에 절대적이다. 헤겔에게 정신은 역사성과 동일시되므로[38], 이것은 하나의 역사적 과정이다.

이미 『정신현상학』에서 정식화되었듯, 헤겔에게 역사는 그것이 실행되는 형태의 측면에서 정신의 노동, 즉 세계정신의 노동이다. 세계정신은 "자기 자신에 대한 의식"에 도달하기 위해 "세계사의 거대한 노동"을 수행하며[39], 그러나 세계정신이 이러한 자기의식으로 도달하는 것은 비로소 인간 개인들이 보편 정신이 이미 획득한 소유를 자신의 것으로 만드는 것을 통해서다. 이때 내용은 이미 "사유된 것"이며 이와 함께 "개별성의 소유"다.[40] 여기서 분명해지는 것은, 정신의 자기 자신에 대한(von sich) 의식은 정신 그 자체의(an sich) 포괄적인 역사적 전개를 전제로 갖는다는 사실이다.

　헤겔에게서 정신 자체는 ― 달리 말해 주관적, 객관적 그리고 절대적 정신으로서의 모든 형태에서 ― 언제나 활동적이며, 정신이 절대정신 속에서 자신을 파악하는 가운데, 세계사의 전체 노동은 철학의 전제이자, 고립된 노동을 넘어서는 철학의 노동이다. 정신이 갖는 각각의 자기의식은 각각의 '세계'의 형태에 대한 표현이자 동시에 실천적 계기이기도 하다. 그리고 이러한 의미에서 정신의 전개는 단지 철학적 개념에 이르기까지 자기의식의 전개일 뿐만 아니라, 동시에 정신적 원칙들의 세속적 생성(Weltlichwerden) 과정 자체이기도 하다. 이 원칙들은 근본적으로 오로지 일자, 자유와 관계 맺는다. 정신 자체는 다른 무엇이 아니기 때문이다. "정신의 본질은 […] 형식적으로 자유이며, 자기 자신과 동일한 것으로서 개념의 절대적 부정성이다."[41] 헤겔에게서 세계사와 일치하는 이러한 과정의 귀결 속에서 결국 정신은 자기 자신을 자유로 파악한다. "세계사는 자유의식에서의 진보다."[42]

　이 구절을 어떻게 이해할 것인가에 관해 짧은 논평이 필요할 것 같다. 왜냐하면 헤겔의 이 정식화는, 이제 더 이상 긍정적으로 볼 수 없는 정신의 형이상학이 작동하고 있다는 의구심을 확산시키기 때문이다. 악셀 호네트(Axel Honneth)는 그의 책 『자유의 권리(Das Recht der Freiheit)』에서 헤겔이 "마치 그가 주체의 자유라는 목적을 역사적으로 확장되는 정신이라는 개념으로부터 직접적으로 그리고 무매개적으로 전개하는 것 같다"[43]고 표현한다. 이 때문에 그는 『법철학 강요』에서 활용된 헤겔의 방법을 "그의 정신의 형이상학이라는 배경으로부터" 단절시킬 것을 제안한다.[44] 이와는 반대로, 바로 정신의 역사성 안에는, 그리고 오로지 그것 안에만, 자유의 목적과 자유의식에 대한 매개되지 않은 정립을 포기할 수 있는 가능성이 놓여 있다. 이때 "정신"은 어떠한 형이상학적 실체도 나타내지 않으며, 심지어 초월적인 실체를 나타내는 것도 아니라, 오히려 단순히 "제2의 자연" 혹은 "문화"라고 부를 수 있는 것을 나타낼 뿐이다. 자연과 정신은 헤겔에 따르면 이념의 "현존재"를 표현하는 "상이한 방식들"이다.[45] 절대이념은 형이상학적인 배후 세계가 아니라 자연과 정신 속에 현존재를 갖는다. 그리고 그에 따르면 자연과 정신 역시 상관항으로서 필연적으로 상호 관계한다. 정신은 "그 세계로서 자연의 정립, 즉 자립적 자연으로서 세계에 대한 반성이자 세계를 전제함인 그러한 정립"[46]이다. 자연과 정신 사이의 이러한 실재적 매개는 불가피한 것이다. 이에 따르면 정신은 우선적으로 자연과의 관계에서의 자유, 즉 직접적인 자연 강제성에 대한 지양이며, 그런 한에서 직접적 자연 관계를 넘어서는 고유한, 역사적인 세계의 형태다. 결국 이 때문에 헤겔은 인간적 자연 관계인 노동에 정신의 발전에서의 결정적인 역할을 부여한 것이다.[47]

다른 한편 정신적 자기의식의, 즉 절대정신의 각각의 단계들은, 그 안에 있는 정신적 원칙들이 실현될 수 있도록 역사적 과정에 개입한다. 정신 그 자체의 전개로서 자유의 실현에서의 진보는 — 즉 사회적 관계들 그리고 정치적이고 법적인 제도들의 형성 — 언제나 다시금 정신의 자기 파악의 수준에서 — 절대정신의 형태로 — 뒤따르는 자유의식에서의 진보를 동반한다. 이제 이러한 자유의식은 다시금 자유의 추가적인 실현의 계기가 된다. 헤겔이 보기에 이것은 프랑스혁명에서 가장 분명하게 나타났다. "태양이 창공에 걸려 있고 행성들이 태양 주위를 회전하는 한에서, 인간이 물구나무를, 즉 사유를 발 딛고 서 있으며 현실이 그에 따라 주조된다는 것은 관측된 바 없었다. 처음으로 아낙사고라스는 정신(νοῦς)이 세계를 다스린다고 말했다. 그러나 이제 비로소 인간은 사유가 정신적 현실을 다스려야 한다는 인식에 도달하였다. 그것은 이러한 영광스런 일출이었다. 모든 사유하는 본질은 이 시기를 함께 축하하였다. 숭고한 감격이 저 시대를 지배했고, 정신의 열광은 마치 신적인 것이 세계와의 현실적인 화해에 비로소 도달한 것처럼 세계를 전율케 했다."[48] 이를 통해 헤겔은 "철학자들", 즉 프랑스 계몽주의 철학이 모든 관습적인 것과 신성한 것에 대한 그들의 비판을 통해 혁명을 일으켰다는 복고주의 이데올로기의 주장을 무력화했다.[49]

물론 철학은 특히 그것이 정신의 최고 단계를 나타내는 경우에 상대적으로 뒤늦게 비로소 등장한다. 그러나 예상되는 "신적인 것의 세계와의 화해"에 대한 암시가 다시 한 번 강조하고 있음에도 불구하고, 헤겔에 따르면, — 그것이 정신적 원리들의 실현으로 파악되는 한에서 — 현대적인 자유의 역사에서 핵심적인 역할을 하는 것은 종교다. 1830/31년의 수고 『세계사의 철학 강의(Vorlesungen über die Philosophie der Weltgeschichte)』의 '서론'에는 이렇게 표현되어 있다. "게르만 민족에 이르러 비로소 기독교에서는 인간이 인간으로서 자유롭다는, 정신의 자유는 정신의 가장 본연의 본성을 만들어 낸다는 의식에 도달하였다. 이러한 의식은 처음에는 종교에서, 정신의 가장 내적인 종교에서 발흥하였다. 그러나 이러한 원칙을 세속적인 본질로도 상상하는 것은 더 나아간 과제이며, 이 과제를 해결하고 수행하는 것은 교양(Bildung)의 어려운, 긴 노동을 요구한다. […] 이러한 원칙의 현실에 대한 적용, 즉 같은 원칙을 통한 세속적인 상태의 침투, 완성은 긴 과정이며, 그것이 바로 역사 자체다."[50] 어쨌건 이 단락은 1837년 이래로 에두아르트 간스(Eduard Gans)의 헤겔 세계사의 철학 강의 편집을 통해 청중에게 인쇄되어 접근 가능해졌다.[51]

헤겔의 종교철학 강의에서는 이에 상응하는 관점이 발견된다. '우애협회(Freundesverein) 판본'에 덧붙여진 이 강의의 결론 장이 "정신적인 것의 보편적 현실성으로의 실현"[52]이다. 이 장은 1827년 수행된 완성된 종교, 즉 기독교에 대한 강의를 인용하는데, 여기서 헤겔은 "발전된 세속성"을 포함하는 "공동체 정신의 보편적 현실성으로의 실현"에 대해 언급한다. "신의 왕국, 공동체는 세속적인 것과 관계를 갖는다. […] 저 정신적인 것에 깃든 원칙들은 이러한 세속성을 위해 존재한다. 이 원칙, 즉 세속성을 위한 진리는 정신적인 것이다."[53]

이것은 이미 앞의 서문에서 인용된 『법철학 강요』의 360절에서 더욱 자세히 규정된다. 즉, ― 다시금 '게르만 세계'에서의 기독교 원칙과의 연관 속에서 ― 세속적인 왕국과 피안의 세계 사이의 대립은 "종교적인 것은 그 천상의 실존을 현세적 차안으로 그리고 보통의 세속성으로 현실 속에서 그리고 표상 속에서 격하시키며, 이에 반해 세속적인 것은 그 추상적 대자존재를 이성적 존재와 지식의 사유와 원칙으로, 즉 법과 법칙의 이성성으로 고양"[54]시키는 것을 통해 지양된다. 국가는, 정확히 말해 헤겔적 국가는 따라서 정신적인 것의 보편적 현실로의 실현의 결과다.

따라서 헤겔은 종교철학 강의에서 또한 이러한 실현이 "공동체의 전환"이라는 점을 강조한다. 지금 다뤄지고 있는 세계와의 화해는 결국 정신적인 것과 세속적인 것의 모순이 "인륜성으로 해소되며, 자유의 원칙이 세속적인 것 자체로 침투하여, 세속적인 것은 개념에, 이성에, 영원한 진리에 합당하게 형성됨으로써 구체적으로 되는 자유, 즉 이성적 의지가 되는"[55] 방식으로 일어난다.

그러나 이성적인 의지로 구체화되는 이러한 자유는 또한 그 자체로 파악되어야 하고 개념화되어야 한다. 프랑스혁명에서 세계사적으로 효력을 발휘한 철학은 헤겔에 따르면 아직 이러한 성과를 얻지 못했다. 이러한 [프랑스 계몽주의] 철학은 "아직은 추상적 사유일 뿐, 절대적 진리의 구체적 파악이 아니며, 이것은 셀 수 없는 차이를 낳는다."[56] 헤겔에 따르면, 부정적 자유관에 사로잡힌 이러한 사유의 추상성은 자코뱅 독재의 공포 통치에서 표현된다. "자유가 자기 내에서 구체적이라 해도, 그것은 그럼에도 미발전된 채로 그 추상성 속에서 현실을 향했다. 추상들을 현실 속에 적용한다는 것은 현실을 파괴한다는 것을 뜻한다. 인민에게 손을 내민다는 자유의 광신주의는 끔찍하게 변했다."[57] 비로소 독일 고전철학에 이르러, 프랑스혁명을 통해 이미 실현된 자유를 개념으로 옮겨오는 데 성공하였다. 그리하여 『철학사 강의』에서 헤겔은 이렇게 말하고 있다. "칸트, 피히테, 셸링의 철학. 혁명은 사유의 형태로서 이 철학들에서 보존되고 표현되었다. 이 사유의 형태에 대해서 정신은 최근 독일에서 가장 진일보하였다. […] 이 시기의 가장 내적인 본질은 세계사 속에서 파악되는 바, 독일 민족과 프랑스 민족이라는 이 두 민족만이 서로 대립함에도 불구하고, 혹은 그들이 서로 대립했기 때문에, 세계사의 이 위대한 시기에 참여하게 되었다. […] 이 원칙은 독일에서는 사유, 정신, 개념이었으며, 프랑스에서는 폭풍처럼 현실로 스며들었다. 독일에서 현실로부터 등장한 것은, 거꾸로 외적 상태와 반동의 강제력으로 현상하였다."[58] 반동의 독일에서는 달성된 자유의식의 수준 위에서 자유의 실현에 대해 언급할 수 없었다. 독일의 상태는 프랑스의 현실보다 뒤쳐져 있었다. 다소간의 반어법을 통해 헤겔은 다음과 같이 말한다. "독일에서는 동일한 원칙이 의식의 자기 자신에 대한 관심을 취한다. 그러나 그 원칙은 이론적으로는 형성되었다. 우리는 모든 종류의 루머를 두뇌에 그리고 두뇌로부터 가지고 있다. 이때 독일의 두뇌는 차라리 완전히 고요하게 수면용 모자를 걸치고 그 안에서 작동했던 것이다."[59]

우리는 여기서 다음을 확인할 수 있다. 헤겔에게 자유의 완전한 실현은 아직 오지 않았다. 그럼에도 그에게 세계사는 사회적 또는 정치적 현실에서 — 시장에서, 의회에서 또는 바리케이트에서도 — 완성되지 않으며, 말하자면 수면용 모자 아래에서 완성되는 것이다. 왜냐하면 다시 말하지만, 세계사는 자유에 대한 의식에서의 진보에서 확정되기 때문이다. 이제 진보의 척도를 자유의 실현이 아니라 자유에 대한 의식이라고 주장할 수 있는 의심할 바 없이 매우 좋은 논변이 마련된다. 이것은 훨씬 많은 것을 요구하고, 자유의 사상이 마치 인륜성의 모든 미세한 구멍들에 대해 제도적으로 점점 더 스며든다는 사실에 대해 증명을 요구하듯, 철학적 개념에 과도하게 많은 것을 요구할 수도 있다. 이것은 아마도 경험을 제멋대로 처리하는 등 하나의 폭력적 구성 속에서만 얻어질 수 있는 것인지도 모른다. 물론 헤겔은 — 내가 보기에 부당하게 — 이로 인해 자주 비난받고 있다. 그러나 다른 한편으로 자유의 역사로서 세계사는, 정신이 자신에 대한 의식으로 도달하며 이와 함께 자유의 의식에 도달하는 절대정신의 부분적 역사 속에서는 일어날 수 없다.[60] 『법철학 강요』§341에서 설명되고 있듯이, 세계사는 명백히 그 이상이어야 한다. "예술에서는 직관과 형상, 종교에서는 감성과 표상, 철학에서는 순수한, 자유로운 사상인 보편적 정신의 현존재의 요소는 세계사에서는 내면성과 외면성의 그 완전한 범위에서의 정신적 현실성이다."[61]

그러나 어째서 독일 고전철학이나 자유의 완성된 개념, 즉 헤겔이『논리학(Wissenschaft der Logik)』에서 표현한 절대이념이 아니라, 기독교의 정신적 원칙이 자유의 실현을 위한 역사적 위력을 갖는가? 절대이념은 기독교적 자유의 원칙과 유사하게, 실현을 향해 나아가는 사유가 아닌가? 기독교의 자유 원칙은 세계사적 과정의 출발점이자 계기이며, 그 안에서, 그리고 그것을 통해 자유의 완성된 의식이 비로소 형성될 수 있다는 사실이 우선적으로 답변될 수 있을 것이다. 그러나 이러한 답변은 결코 만족스럽지 않은데, 이는 헤겔이 역사의 종말에 자유의 실현이 갖는 전적으로 상이한 단계들을 명시적으로 확인하기 때문이며, 그는 어디에서도 현재가 그렇게 머물러 있어야 한다고 말하지 않았다. 따라서 답변이 될 수 있는 것은 오로지, 헤겔이 여기서 철학이란 사유 속에 파악된 그의 시대라는 자신의 근본 명제를 숙고하고 있다는 사실이다. "어떠한 하나의 철학이 그것의 현재 세계를 넘어선다고 말하는 것도, 한 개인이 그의 시대를 뛰어넘는다고 말하는 것도 어리석은 일이다. […] 개인의 이론이 실제로 현재를 뛰어넘고, 그 개인이 세계가 어떠해야 하는가하는 당위에 따라 세계를 건설한다면, 그러한 세계는 아마도 존재하겠지만, 그러나 그것은 오로지 그 개인의 의견 속에서, 즉 모든 자의적인 것이 상상될 수 있는 유동적 요소 속에서일 뿐이다."[62] 헤겔은 철학이 이미 현실로 된 것만을 인식할 수 있다고 단적으로 주장한다(여기서 현실은 존재하는 모든 것이 아니라, 이미 개념의 실재로 간주되는 것이다). "세계에 대한 사유로서 철학은 현실이 그 형성 과정을 완수하고 완성된 이후에 비로소 시대 안에 나타난다."[63]

미네르바의 올빼미는 **사후적으로**(post festum), 즉 황혼이 질 무렵에 날갯짓을 시작하므로, 그것은 이전의 낮이 완성한 것만을 인식할 수 있다. 미네르바의 올빼미는 나폴레옹에 이르기까지 그리고 그와 함께 자유의식의 심화에 이르기까지 기독교가 대표하는 정신적 원칙의 실현을 인식할 수 있지만, 완성된 자유 개념을 통해 도달한 역사의 종말로 귀결될 수 있는 미래는 인식하지 못한다. 헤겔의 『종교철학 강의』에 따르면, 철학은 "분별된 신성함이며 그것의 종사자는 세계와 어울리지 못하고 진리의 자산을 보존해야 하는 고립된 사제의 지위를 형성한다. 속세적, 경험적 현재가 어떻게 자신의 분열로부터 벗어나는가, 그것은 어떻게 형성되는가 하는 것은 현재의 과제이지 철학의 **직접적으로** 실천적인 사태나 용무가 아니다."[64]

얼마 후 청년헤겔주의자들은 이러한 입장을 나태한 타협으로 간주할 것이다. 그들에 따르면 중요한 것은 세계와 거리를 두며 진리를 보호하는 것이 아니라, 세계를 변혁하기 위해 세계와 결합하는 일이다. 철학의 실현은 강령이 되었다. 실은 — 따라서 [이러한 입장은] 반박될 수 있는데 — 헤겔은 고립된 사제의 태도라는 이미지 속에 표현되는 그의 관망적 태도에도 불구하고, [이미] 이러한 강령을 제시한 바 있다. 헤겔이 셸링에게 쓴 1795년 4월의 편지에서 드러나듯, 이미 청년 헤겔은 — **외람되게도** — 청년칸트주의자였는데, 이에 따르면 "독일에서의 혁명"이라는 원칙들은 칸트의 체계에서 발견되며, "보편적으로 가공된 모든 기존의 지식에 의존"[65] 해야만 한다. 그리고 1808년 헤겔은 니트함머에게 이렇게 적는다. "표상의 왕국이 비로소 변혁되면, 현실은 더 이상 버티지 못할 것일세."[66] 이후에도 여전히 자유의식의 진보로서 세계사에 대한 관점 속에도 이러한 시각이 녹아 있다. 헤겔은 한편으로 그가 보기에 기독교에서 최초로 발생한 이러한 자유의 원칙의 "부흥"과, 다른 한편으로 이러한 "원칙을 세속적인 본질로도 상상하는" "추가적인 과제"를 구분한다.[67] 종교철학적으로 이에 상응하는 것은 "발전된 세속성"을 포함하는, "공동체 정신의 보편적 현실성으로의 실현"이다.[68] 여기에는 — 발터 예슈케(Walter Jaeschke)에 따르면 "지속적으로 무시되어 온" — 세속화와 철학의 실현에 대한 청년헤겔주의적 담론들의 모델이 놓여 있다.[69]

물론 헤겔에게 중요한 것은 철학**으로서의** 철학의 실현이 아니라, 처음에는 기독교에서 표현된 바 있는 원칙의 실현이다. 이러한 구별이 지시하는 것은, 헤겔에게서 원칙이란 철학에서 그 원칙들에 부여되는 위엄을 갖

2. 자유의식과 자유의 실현

지 않는다는 것이다. 헤겔에게 원칙들이란 아직 완전한, 자기 내에서 구체적인 현실성으로 발전되지 못했다는 의미에서는 추상적인 것이다. 그러므로 원칙들은 근본적으로 취약한 지위를 갖는다. 왜냐하면 그것들의 실현 가능성은 그 원칙들에는 주어져 있지 않기 때문이다. 따라서 자유의 원칙은 또한, 헤겔에 따르면 프랑스혁명에서 자코뱅이 그러했듯이, 공포 통치로 실현될 수도 있다. 공산주의 사회에서 개인적 자유를 실현하기 위한 좌절된 시도들에 관해서도 같은 것을 말할 수 있을 것이다. 물론 그 역도 마찬가지로 타당하다. 그러한 원칙의 실현 속에서 원칙의 기형화는, 원칙 자체를 반박하는 것이 아니다. 원칙이 이성적인 방식으로 실현될 수도 있기 때문이다. 그리하여 헤겔은 생전에 프랑스혁명을 줄곧 정당화했으며, 그것을 종교개혁에 이어 현대성의 세계사적 사건으로 간주하였다.

그는 자신의 철학을 — 그리고 독일 고전철학 전반을 — 명백히 프랑스혁명에서 정치적으로 타당성을 얻은 자유의 사상에 대한 논의로 이해했다. 절대이념으로서 개념의 자기 자신에 대한 앎 속에서, 자유의 완성된 의식인 개념은 자기 자신을 파악한다. 헤겔에 따르면, 이러한 이념이 절대적 **방법**으로서 절대이념이라는 사실은, 그것이 이러한 절대성을 토대로 동시에 '세계'에 대한 우리의 이론적이고 실천적인 관계에 대한 규범적 원칙으로 기능할 수 있음을 뜻하는 것이다.

그러나 이것은 절대이념이 온전히 실현될 수 있다는 것을 뜻하는 것은 아니다. 정치적-사회적 영역은 객관정신에 속하지, 절대정신에 속하는 것은 아니다. **논리학**에 속하는 것은 더욱 아니다. 달리 말해, 절대적인, 완성된 자유 개념을 구성하는 개념의 순수 자기 관계성은 대상적으로 매여 있는 객관정신의 영역에서는 결코 실현될 수 없다. 이 때문에 헤겔은 철학으로서 철학의 실현에 대해 언급하지 않으며, 오로지 그 원칙의 실현에 관해

서만 언급하는 것이다. 따라서 헤겔의 관망적 태도는 철학적 근거를 가지
며, 자신의 시대의 정치적이고 사회적인 실재에 대한 어떠한 동화
(Akkomodation)도 표현하지 않는다.

2. 자유의식과 자유의 실현

3. 헤겔 이후: 자유의 역사를 대체한 소외의 역사

이미 1834년에 하인리히 하이네(Heinrich Heine)는 (프랑스에서 최초로 출간된) 그의 저작 『독일의 종교와 철학사(Zur Geschichte der Religion und Philosophie in Deutschland)』의 결론에서 헤겔을 정치적 혁명이 뒤따라야 할 철학적 혁명의 종결자로 소개했다. 이때 그는 — 이 저작의 2권에서 — 철학적 혁명을 "프로테스탄트주의의 최종적 귀결"[70]로 특징지었다. 이것은 온전히 헤겔의 정신을 보여 주는데, 헤겔이 보기에 루터의 자유에 대한 저술은 현대적 철학의 시작과 나란히 서 있었던 것이다.[71] 하이네는 이후의 발전 과정에서 철학의 실현 개념과 관련하여, 망각한 채로 또는 그럼에도 강력하게 되밀려오는 헤겔적인 출발점을 드러낸다.

그러나 어째서 헤겔의 모델은 그렇게 순식간에 은폐될 수 있었던 것일까? 그것은 헤겔 자신의 책임일까? 아니면 헤겔에 대한 논의들이 본질적인 측면들에서는 헤겔의 입장에서 벗어나는 방향을 취했기 때문일까? 내가 보기에는 둘 다 사실이다. 헤겔은 자유의 역사에 관한 그의 사유 모델의 귀결을 절대정신에서의 화해라는 수사 뒤로 숨겨 버리며, 이때 절대정신의 자기복귀(Zu-sich-Kommen)는 (헤겔적인 이해 속에서) 역사의 종말과 일치하는데, 이로 인해 이 화해가 객관정신의 영역에까지 이를 것이라는 인상이 생겨난다. 이러한 인상에 대해서는 두 가지 헤겔의 한계가 영향을 미쳤다. 그중 하나는 — 발터 예슈케는 그것을 이렇게 불렀는데 — "망각된" 자유의 역사와 관계가 있다. 헤겔 자신은 이를 명확하게 밝히지 못했고, 세계사의 철학 속에서 절대정신의 부분적 역사, 즉 종교철학에서 오직 암시적으로만 다루었을 뿐이다. 이와 연결된 다른 결함은 정신 개념과 관계가 있다. 정신이 그 전체 범위 속에서 역사적으로 이해될 수 있으며 정신이라는 것이 결국 역사성과 동일시될 수 있다면, 절대정신 속에서 완성된 자유의식으로 종결될 역사와, 이러한 의식의 역사를 매개하며 객관정신의 수준에서 정신적 원칙들의 실현으로 간주될 수 있는 객관정신의 틀 속에서의 역사는 더욱 더 구분되어야 할 것이다.*

　다른 한편, 헤겔적인 자유의 역사 개념은 청년헤겔주의자들의 시야에서 사라져 버렸다. 그 이유는 오직 헤겔 이후 철학의 전체 운동으로부터 통찰될 수 있다. 여기에는 적어도 세 가지 결정적 요소들이 함께 영향을 미쳤다. 첫째로, 자유의 역사 개념은 종교철학을 둘러싼 논쟁의 희생물이 되었다. 왜냐하면 결국 그들이 무리하게 추진한 종교 비판은, 오로지 그러한 것은 아닐지라도, 특히 자유의 역사 개념이 다뤄지면서 자유의 원칙의 실현 모델이 전개되는 그러한 종교철학에 대한 논의와는 단절해 버렸다. 헤겔 이후의 종교 비판이 점점 더 종교와 철학의 대립을 강조했기 때문에, 종교의 역사와 자유의 역사 사이의 연관성 역시 점점 더 그들로부터 멀어졌다.

---

* 이 두 개념의 구분은 이 책에서 전개되는 저자 아른트의 핵심적인 테제 중 하나다. '절대정신' 수준에서의 역사, 즉 완성된 자유의식을 향한 역사란 자유에 대한 각 개인들의 '의식'에서의 진보가 보편적 '정신'으로 고양되는 것을 말한다. '객관정신' 수준에서의 자유의 역사란 객관적 사회제도 속에 구현되는 자유를 말한다. 양자는 반드시 일치하는 것이 아니다. 예컨대 현대사회에서도 우리는 개인의 자유를 억압하는 정권이나 제도를 종종 마주하곤 한다. 자유로웠던 상태가 독재정권의 쿠데타로 퇴보하기도 한다. 이 경우 객관정신의 수준에서는 역사적 진보의 불균등성이 나타나는 것이다. 그러나 그러한 억압적인 정권이나 제도에 대한 비판이 개인적 수준에 머물지 않고 '정신'으로 고양되며 때로 실천적으로 극복되기도 한다는 것은, '자유의식'과 관련된 역사적 진보를 보여 주는 것이다.

종교에 대한 추상적 부정이 이러한 개념을 이해 불가능한 것으로 만든 셈이다.

둘째로, 헤겔의 세계사에 대한 철학이 헤겔적인 입장에서 봤을 때 역사적 사유의 최종 결론일 수 있는가에 관한 회의가 점점 더 확산되었다. 한번 더 명확히 강조되어야 할 것은, 이러한 회의가 앞서 언급한 이유에서 전적으로 옹호된다는 것이다. 즉, 헤겔이 궁극적으로는 객관정신의 수준에서 정치적인 국가의 역사로 드러나는 세계사에 대한 포괄적인 역사철학적 기초 놓기를 주저하였던 반면에, 자유의식에서의 진보라는 역사의 개념 그리고 이러한 역사를 위해 요구되는 세계정신 개념은 이를 훨씬 넘어섰던 것이다. "세계정신은 정신 일반, 역사의 실체다."[72] 아우구스트 폰 치에스코프스키(August von Cieszkowski)의『역사학에 대한 예비지식(Prolegomena zur Historiosophie)』에서 출발하여[73], 헤겔 이후 점차 헤겔의『정신현상학』이 그의 역사적 사유의 패러다임으로 고양되었다. 그러나 이것은 역사 개념의 장소 이동을 뜻했다. 역사는 더 이상 헤겔적인 의미에서의 **자유의 역사**로 이해되지 않고, 소외의 낭만주의(Entfremdungsromantik)라는 의미에서 소외의 역사와 소외의 지양으로 이해되었다.[74] 이러한 장소 이동은 매우 극적이다. 물론 소외의 지양 역시 해방과 같은 것을 함축하며 따라서 자유의 역사와 결합되어 있다. 그럼에도 불구하고 소외의 낭만주의는, 개인과 보편의 직접적 통일성 속에서의 사회적-정치적 관계의 완전한 투명성의 상태를 목표로 삼는다.[75] 이 상태는 헤겔적 사고에서 나타나는 인격적, 사회적 그리고 정치적 자유의 복잡한 구조를 중단시킨다. 헤겔-맑스주의적 소외 비판에 이르기까지 추상적 보편성의 기피는 여기서 비롯하였다.[76]

마지막으로 셋째 요소는 헤겔 철학을 포함하는 철학적 전통과의 단절이라는 점증하는 수사법이다. 비록 그러한 단절이 철학적 사실로 받아들

3. 헤겔 이후: 자유의 역사를 대체한 소외의 역사

여겼으며 받아들여지고 있음에도 불구하고[77], 여기에는 철학 외적인 이유가 있다. 3월 혁명 이전 시기*에 두드러지게 나타났으며 그 자체로 점차 지각되고 성찰되었던 사회-정치적인 시대적 변혁 속에서, 기존 철학과의 단절 역시 연출되었다. 포이어바흐(Feuerbach)에 의해 선언된 철학의 변화 또는 개혁의 필요성은 의식적으로 이러한 단절을 수행했다. 이를 통해 독일 고전철학과의 내재적인 대결이 시작되었다. 물론 이것은 아직은 선별적으로만 주목을 받았는데, 왜냐하면 독일 고전철학은 극복되어야 할 과거에 속했기 때문이다. 철학의 실현이라는 강령은 철학의 상실로 이어졌다.

우리는 이러한 요소들을 더욱 자세히 검토해 보기로 한다. 우선 종교철학적 논의[78]를 살펴보자. 우선적으로 기억해야 할 것은 다비트 슈트라우스(David Strauß)의 『예수의 생애(Leben Jesu)』로 소급되는, "좌파"와 "우파" 헤겔주의자들로 헤겔학파의 분열이 종교철학에 대한 논쟁을 야기했다는 점이다.[79] 이 역사적인 복음서 비판은 헤겔에게 결정적인, 표상(종교)과 개념(철학) 사이의 형태 구분이라는 관점에서 종교철학을 해석하는데, 이 [헤겔적] 구분은 복음서의 사변적 진리에 대한 물음을 이유로, 복음서의 역사적 진리에 대한 물음을 유예시켰다. 결국 슈트라우스는 방법론적으로 셸링에 대한 논박 속에서 헤겔의 직접성 비판과 특히 『정신현상학』에서의 절대자의 직접성에 대한 비판**에 의존한다. 1838년 그는 이렇게 쓴다. 헤

---

*   독일어권에서 자주 사용되는 Vormärz, 즉 '3월 이전'이란 단어는 1848년 3월 독일을 강타한
     정치적 혁명 이전의 시기를 말한다. 구체적으로는 1815-1848년 3월 혁명까지의 시기로, 나
     폴레옹의 실각과 빈 체제 성립, 왕정복고 이후의 유럽을 지배한 보수적, 반동적 시대 분위기
     를 말한다. 청년헤겔학파는 자유주의적, 민주주의적 개혁이 늦춰지고 구질서가 도입된 이
     시기의 사회적, 정치적 현실에 대해 매우 비판적이었다.

**   『정신현상학』의 서설 「학문적 인식의 관하여」에서 헤겔은 셸링의 '지적 사랑' 개념이나 '지
     적 직관'의 방법을 비판하면서, 진리란 오로지 과정의 체계성에서 드러나는 것이라고 주장
     한다. 철학은 개념적 사유를 통해 직접적으로 주어진 것을 사유의 체계 속에 매개함으로써
     진리에 다가서는 것이다. 절대자란 바로 이러한 개념적 매개의 운동 과정의 총체성에 다름

겔에게서 "모든 직접적인 것은 매개 과정으로 끌어들여지는데, 이 매개 과정은 직접적인 것을 그 근원적 형태 속에서도, 그 근원적인 가치 속에서도 그대로 두지 않는다. 현상학의 결론은 우리가 길고 뒤엉킨 길 위에서 다시금 출발점으로, 감각적 확실성으로 도달하였으며 그것이 모든 정신적 풍요를 파악할 수 있게 해주는 최상의 것이라고 인식하게 되었다고 말하지 않는다. 마찬가지로 사변적 신학의 과정은 종교적 확실성이 최상의 것이며 그 안에 모든 진리가 포함되어 있다는 것으로 종결되지 않는다."[80]

이를 통해 종교에 대한 고찰은 『정신현상학』에서의 정신의 발전이라는 패러다임 속으로 포함된다. 그런데 이전의 [헤겔] 종교철학에 대한 [청년 헤겔주의자들의] 논쟁들에서와 마찬가지로, 여기서 『정신현상학』의 종교에 관한 장은 아무런 역할도 하지 못한다. 오히려 의식의 역사와 관련된 관점이 전면에 등장하여, 이것이 슈트라우스 이후 계속되는 논쟁에서 훨씬 강하게 강조되었다.

이러한 논쟁의 방향은 역사가 하인리히 레오(Heinrich Leo)가 『헤겔의 제자들(Die Hegelingen)』(1838)을 통해 가한 냉소적인 논박으로부터 본질적으로 영향을 받았다. 왜냐하면 레오는 — 내용적으로는 전적으로 적합한 것인데 — 헤겔을 통해서는 슈트라우스가 말한 "신앙적 확실성"을 철학적으로 획득하는 것이 불가능하다는 사실을 보여 주었기 때문이다. 무신론을 겨냥한 [레오의] 핵심적 비난 지점은 헤겔주의자들이 신을 "(원시 독일적인 이교도주의의 종교적인 표현을 사용하자면) 모든 인격성을 불어넣는, 그러면서도 인간의 인격성 속에서와는 다른 방식으로는 자기의식에 도달

아니다. 헤겔이 보기에, 신적 절대자의 직접성에 대한 셸링의 믿음은 비합리적 직관주의로의 퇴보라는 위험을 낳는다. 참고로 이러한 『정신현상학』 서설에서 헤겔의 셸링 비판은 이후 비판이론의 성립에 결정적 영향을 미치는데, 특히 아도르노의 하이데거 비판은 경험의 객관적 매개를 강조하고 존재의 비개념적 직접성을 물신주의적 퇴행으로 거부한다는 점에서 헤겔의 셸링 비판과 거의 유사한 논의 구도를 보여 주기도 한다.

3. 헤겔 이후: 자유의 역사를 대체한 소외의 역사

할 수는 없는, 고유한 자기의식을 갖추지 않은 힘으로" 이해한다는 것이다. "즉 […] 이 당파는 무신론을 완전히 공개적으로 가르친다."[81] 이는 실제로 헤겔이 『정신현상학』의 서설에서 보편적 정신 또는 세계정신과 특수한 개인 사이의 관계에 관해 명확히 표현한 것과 일치한다. 즉, 보편적 정신의 노동의 결과에 대한 개인의 전유에 이르러서야 비로소 "보편적 정신 또는 실체가 그 자기의식을 갖는 것"[82]을 의미한다.

1841년 익명으로 출판된 팜플렛 『무신론자이자 적그리스도 헤겔에 대한 최후 심판의 나팔소리(Die Posaune des jüngsten Gerichts über Hegel, den Atheisten und Antichristen)』에서 브루노 바우어(Bruno Bauer)는 앞서 레오에 의해 비난조로 인용된 헤겔의 개념에 기대어 논의를 전개하며, 이때 유한한 정신의 자기의식과 절대정신의 자기의식은 경향적으로 서로 맞물린다. "유한한 정신이 절대적 본질을 대상으로 삼는다면 […], 유한한 정신은 이 본질을 자신의 본질로 이해하며, 유한한 정신은 실체의 의식으로서 필연적으로 자기의식이다. 보편자가 유한한 의식 속에서 자기 자신을 이해하고 유한한 정신이 보편자 속에서 자신의 본질을 직관할 때, 그것은 하나의 행위, 운동이 된다."[83] 바우어에 따르면 역사의 운동은 한편으로 인간 정신의 외화 또는 객체화에서 비롯하며, 다른 한편으로는 이 객체화의 자기의식으로의 복귀에서 비롯한다. 외화된 또는 소외된 실체를 자기의식으로 재전유하는 것은 비판의 길 위에서 수행된다. "그러나 지식은 자유롭고, 정신을 해방하며 그 규정들은 이전의 내용을 새로운 형태로, 이를 통해 그 자체 새로운 내용으로, 즉 자유와 자기의식의 법칙들로 변화시킨다. 그에 따르면 철학은 현존하는 것에 대한 비판이다."[84]

여기서 현존하는 것에 대한 비판은 결국 자기의식에 대한 모든 외재성을 제거하는 것을 뜻한다. 겉보기에는 헤겔과 같은 말을 하는 것 같지만,

은밀하게는 이를 통해 주관정신과 자기의식의 객관적 결합은 폐지된다. 철학적 비판은 순수한 자기의식이 "자신의 참된 보편성을 제약하는 긍정적 규정성으로부터 해방되어야 하는, 규정된 철학의 최종적 행위"로 실현되는 것을 목표로 한다.[85] 오로지 비규정적 자기 관계성 속에서만 자기의식의 부정적 자유가 실현될 수 있다. 이때 자기의식은 동시에 헤겔적인 반성의 형상으로부터 피히테적인 직접성의 형상으로 변형된다.[86] 따라서 바우어가 이후에 포이어바흐의 인간 유(類, Gattung) 개념을 비판적으로 무화시키려 한 것은 일관된 것이라고 볼 수 있다.[87]

결과적으로 [바우어에게서는] 헤겔의『정신현상학』을 느슨하게 이어받는 가운데, 순수 자기의식의 소외와 재획득의 역사라는 서사가 언급되며, 동시에 이때 종교가 이를테면 자기의식의 내적인 발전의 계기로 설명되고 또한 자기의식 내에서 극복됨으로써, 철학과 종교의 대립이 등장한다. 반면 헤겔에게서는 형태 구분을 통해 규정된 절대정신의 세 가지 부분적 역사들 — 예술(감각성), 종교(표상), 철학(개념) — 은 근본적으로 나란히 존재하면서 보편적 정신의 자기의식을 산출하며, 역사적으로가 아니라 논리적-체계적으로 상호적인 지양의 관계 속에 놓여 있다. 항구적 비판을 통해 획득되어야 할 순수 자기의식의 지평 속에서, 종교는 오로지 자기의식의 여전히 극복되어야 할, 소외된 형태로서만 자유의 역사의 일부가 된다. 이와 유사한 발전 과정을 점차 종교와 철학의 내용적인 상이성을 강조하는 포이어바흐에게서도 목격할 수 있다.[88] 특히 [그가 종교와 철학의 차이를 강조하는] 그 이유는 헤겔 철학에 대한 정설 기독교적 공격에 직면하여, 종교적 요구에 맞서는 철학의 자율성을 옹호하는 것이 중요해졌다는 것에서 찾을 수 있을 것이다.

『정신현상학』에서 차출된 소외의 역사라는 패러다임을 통해 자유의 역

3. 헤겔 이후: 자유의 역사를 대체한 소외의 역사

사로서 종교의 역사를 추방하는 것은 헤겔 역사철학에 대한 아우구스트 폰 치에스코프스키의 관점에 의해 강화되었다. 『역사학에 대한 예비지식』에서 그는 헤겔이 역사철학을 그의 변증법적 논리에 합당하지 않게 다루었다고 주장한다. 즉, 헤겔은 여기에서 "결코 […] 그가 다른 영역에서는 거대한 변증법적 능숙함을 통해 수행했던 총체적인, 엄밀하게 사변적인 발전 과정을" 제시하지 않는다는 것이다. "논리적 법칙들은 […] 그의 역사철학에서는 충분한 명민함 속에서 반영되지 않았다. 한마디로, 헤겔은 역사의 유기적이고 관념적인 전체성의 개념에 이르지 못했고, 그 사변적인 전개와 완성된 건축학에 도달하지 못했다."[89] 그러나 이 결함은 "역사 속에서 세계정신의 발전 과정이 의식의 현상학적 발전 과정의 첨가물(Corrolarium)로" 간주될 때라야 극복될 수 있을 것이다. 왜냐하면 "의식은 […] 헤겔에게서 알파이자 오메가이며, 그는 이로부터 그의 철학의 전체 체계를 도출"하기 때문이다.[90] 의식은 절대지(absolutes Wissen) 속에서 완성되며 이로부터 행위(Tat)로 전화(轉化)된다. "(사유에 따라) 의식에 앞서는 것은 무의식, 즉 사실이다. 그러나 이것은 의식의 뒤에서, 의식적으로 발전되어야 한다. 그리고 이것이 행위다."[91]

아르놀트 루게(Arnold Ruge) 역시 이와 비교될 수 있는 헤겔 역사철학의 근본적 결함을 확인하였다. 헤겔은 "종교에서도, 정치에서도, 결정적으로 역사에서도 참된 관념론에, 그의 발전의 원리에, 정신철학에 그리고 그것의 변증법에 충실하지 않았다."[92] 헤겔의 "변증법 개념"은 "어디에서나, 즉 역사의 실천에서도 오로지 […] 사람들이 발 딛고 서 있는 규정성은 그 가장 내적인 진리 안에서 인식된다는 것을 뜻한다. 한 단계의 자기 인식은 언제나 새로운 다음 단계다. 새로운 자아, 새로운 정신은 이와 더불어 태어난다. 이러한 변증법은 관념성이며, 그에 부합하는 이론적이고 실천적인 관계는 관념론이다."[93] 치에스코프스키에서와 마찬가지로, 이론은 실천으로, 의식은 행위로 전화되며, 여기에서도 마찬가지로 원칙적으로 종결될 수 없는 역사의 지평 속에서 실천적 관념론의 관점이 개시된다. 철학의 실현이라는 청년헤겔주의적 구상은 본질적으로 행위의 철학이라는 구상임이 드러난다.

이러한 철학에 모제스 헤스(Moses Hess)가 이름을 부여했다. 그는 독학을 통해 처음에는 헤겔 철학으로부터 멀어지면서 특히 스피노자에게 접근했으나, 이 시기에 또한 종교적 사회주의와 관련하여 역사의 문제를 다루기도 했다.[94] 1837년 그는 『인류의 신성한 역사: 한 스피노자의 제자로부터 (Die heilige Geschichte der Menschheit. Von einem Jünger Spinoza's)』라는 글을 출간했다. 이 글에서 그는 역사를 신적 계시(啓示)와 '새로운 예루살렘'에서의 그 실현의 역사로 묘사했다.[95] 독일적 정신과 프랑스적 정신의 결합은 이를 수행할 것인데, 전자는 종교적-사회적이며, 후자는 정치적-사회적인 특색을 갖는다.[96] 신의 왕국은 모든 대립을 소멸시킬 소외되지 않은 세계라는 유토피아로 상상되었다. "궁핍의 종결 이후에는 신성한 정신의 씨앗은 줄기로, 장인(Meister)의 언어는 행위로 된다. 그 후에 시간은 그 영광 속에 나타날 것이며, 생명은 다시금 통일되고, 잃어버린 평화는 다시금 존재하게 될 것이다."[97] 모제스 헤스가 기록하는 신성한 역사는 이미 소외의 낭만주의라는 공식에 적합한 것이었다. 이후 다만 그것에 헤겔적인 방식으로 장식이 덧붙여졌을 뿐이다.

이것은 1841년 『유럽의 삼두정치(Die europäische Triarchie)』라는 글에서 이뤄졌다. 이 글은 그 표어로 스피노자『에티카(Ethik)』로부터 두 인용문을 속표지에 차용했다.[98] 여기에서 이미 철학의 종말이 선언되고 있다. 독일 철학의 원칙은 이미 삶 속으로 이행했고 따라서 철학은 삶의 뒤안길

3. 헤겔 이후: 자유의 역사를 대체한 소외의 역사

에 남게 되었으므로, 철학은 그 소명을 이행한 것이다.[99] 철학의 피안에서 개시될 새로운 세계는 "절대적 정신 행위"의 세계다. 그러나 이 세계는 근원적 통일성에서 시작하여 외화 또는 소외를 거쳐 새로운 통일성으로 나아가는 발전 과정의 귀결이다. "직접적인 또는 객관적인 정신 행위의 세계"로서 고대로부터 정신의 과정이 출발해 중세에 이르며, 이제 "이러한 행위의 직접성과 자연성은 사유의 내면성으로 후퇴한다." 그 자리에 매개가 등장한다. 그러나 "절대적 정신 행위의 매개 과정, 즉 독일 철학"은 "종국에는 그 고유한 논리에 의해 소멸할 것이다. 그것은 자체 내로 침잠함으로써, 종국에는 모든 구별의 절대적 통일성으로서 파악된다. 이와 더불어 매개는 필연적으로 중단되며 행위가 다시 시작할 것이 틀림없다."[100] 소외의 역사라는 기본 양식은 『인류의 신성한 역사』에 비해 달라지지 않았지만, 그럼에도 헤스는 이제 명백히 "단적으로 헤겔적 체계"[101]인 헤겔의 『정신현상학』에 의존하고 있다. 벌써부터 헤스의 영향 하에서 작성된 『경제학-철학 수고(Ökonomisch-philosophische Manuskripte)』(1844)에서 『정신현상학』을 헤겔 철학의 탄생지이자 비밀로 묘사한 맑스의 격언이 들리는 듯하다.

헤스에게서는 결국 [브루노 바우어 식의] 자기의식의 철학의 자리에 『행위의 철학(Philosophie der That)』(1843)[102]이 등장한다. 이 철학의 핵심어는 반성(Reflexion)의 지양이다. "자아는 자기 자신을 타자로 표상(또는 정립)하며, 그러나 흡사 자기 밖의 거울 속에서 자기 자신의 삶을 발견함으로써 자신에게 돌아온 후에는 이러한 반성의 지양을 통해 다시금 자신에게 되돌아온다."[103] 이러한 이해 속에서 자기의식이란 매개된 직접성, 즉 반성의 분리가 극복되는 과정의 결과다. "반성은 지성이라는 가위를 가지고 연속적인 삶의 실을 잘라 버리는 운명의 여신이다." 그러나 삶은 "활동"이며 "활동[…]은 대립의 정립과 지양을 통한 동일성의 생성, 즉 삶과 동일한 것, 삶의 자기동일성의 산출, […] 한마디로, 자기 산출이다. 그것의 법칙을 정신은 삶 자신의 자기 산출을 통해 인식한다."[104] 이제 직접적 자기의식은 인류를 모든 자연적 강제로부터 해방시킨다. 그것은 순수 행위, 즉 인류의 자기 정립이다. "정신과 정신의 세계, 사회적 삶, 인간과 인류는 결국 자기와 동일한 현존재에 도달한다. 여기에는 […] 다름 아닌 활동성만이 남아 있으며, 모든 자연 규정성이 자유로운 자기규정으로 변형된다."[105] 여기서 드러나는 사실은 피히테의 철학이[야말로] 헤겔 이후 담론의 (은닉된 또는 은밀한) 준거점을 형성한다는 점이다.*

이와 마찬가지로 맑스의 『경제학-철학 수고』(1844)에서는 "헤겔 철학의 참된 탄생지이자 비밀"[106]인 『정신현상학』에서 출발해야 한다고 서술되어 있다. 그것의 주제는 "인간의 자기 산출 […] 즉 탈대상화로서, 외화로서, 그리고 이러한 외화의 지양으로서 대상화"다.[107] 맑스에게서 절대지의 자리에는 "모든 대립의 참된 해소"인 "공산주의"가 등장한다.[108] 헤스와 맑스 사이의 유사성은 간과할 수 없다. 둘 모두에게서 명백히 의식의 역사와 소외의 역사는 종교 비판의 종결 이후, 헤겔적인 의미에서 자유의 역사의 자리에 등장하였다.

---

* 피히테의 철학은 자아의 행위, 사행(Tathandlung)을 강조한다. 자아는 스스로 운동하며 소외를 극복, 비자아와의 완성된 통일성을 향해 나아간다. 저자는 이처럼 피히테 철학의 근본 구조가 청년헤겔학파의 역사관과 갖는 유사성을 지적한다. 따라서 자기소외를 극복하고 자기동일성을 향해 나아가는 행위로서 역사를 바라보는 (청년헤겔학파의) 소외론적 역사철학의 준거점은 (청년헤겔학파 자신의 이해와 달리) 헤겔이 아니라 피히테라는 것이다. 앞선 1, 2장에서 주장되었듯이, 헤겔 역사철학의 핵심은 '소외의 극복'이 아니라 '자유의식에서의 진보'에 있다. 그러나 헤겔 이후의 청년헤겔주의자들은 이러한 헤겔 역사관의 근본 요소를 망각하고, 헤겔 『정신현상학』에서 차용한 소외 개념을 역사의 동력으로 만들었기 때문에 헤겔로부터 멀어졌다. 따라서 이러한 저자의 관점에 따르면, (알튀세르 학파를 포함해) 많은 맑스주의자들이 소외론적 역사철학이 갖는 관념론적 추상성에 대해 가하는 비판은 실은 헤겔 자신과 무관한 것이다.

3. 헤겔 이후: 자유의 역사를 대체한 소외의 역사

셋째 요소는 독일 고전철학과의 단절이라는 수사학이었다. 이 "단절"은 특히 포이어바흐와 결합된다. 그리하여 1886년 만년의 프리드리히 엥겔스는 포이어바흐의 『기독교의 본질(Wesen des Christentum)』(1841)이 이러한 관점에서 해방적인 효과를 낳았던 것을 기억할 수 있다고 말했다. "속박은 부서졌다. '체계'는 폭파되었고 옆으로 내던져졌다. […] 사람들은 그것으로부터 사유를 발전시키기 위해 이 책 자체의 해방적 효과를 체험해야만 했다. 그 열광은 보편적이었다. 우리는 매순간 포이어바흐주의자들이었다."[109]

새로운 것이 아직은 그 자신의 현실의 토대 위에 등장하지 않은 채로 낡은 것이 사멸하는 이행의 순간에, 포이어바흐 자신은 자신을 역사적으로 바라보았다. 1842/43년에 그는 이렇게 말하였다. "우리는 기존의 철학 유형을 이미 우리 앞에서 완수하였다. […] 신학이라는 의미에서의 철학은 끝났다."[110] 이전에 철학의 실현이 포이어바흐의 강령이었다면, 이제 철학은 종교 비판에 귀속되어야 할 세속적인 신학으로 나타난다. 헤겔 철학의 급진적인 해석을 통해 사유의 왕국에서만이 아니라 독일적 현실에서도 변화를 불러일으킬 수 있으리라는 포이어바흐의 희망은 명백히 근거를 상실한 것이 되었다. 전래된 고전적 이성 철학의 무기력은, 정신적인 반응뿐만 아니라 정치적 현실과 사회적 현실 역시 이성을 향해 근접하지 못했다는 데에서 드러난다. 포이어바흐 자신이 그의 대학 커리어에서의 방해를 경험했던 "비더마이어(Biedermeier)*의 반(反)시대(Unzeit)"[111]에 어느 누가 화석화된 관계들에 직면하여 이성의 비밀스런 효력에 내기를 걸 것인가?

포이어바흐는 앞서 인용된 글에서 헤겔과의 단절이 우선적으로는 결코 철학에 관한 것이 아니라는 사실을 수사적인 물음을 통해 암시하고 있다.

---

* 1848년 3월 혁명 이전의 반동기에 등장한 예술과 문학 양식을 말한다. 외적 사회 현실과 담을 쌓고 내향적인 삶을 사는 소시민적 태도가 이 양식의 두드러진 특징이다.

"중요한 것은 단지 새로운 철학인가? 아니면 새로운 시대인가?"[112] 이러한 질문에 대해, 철학이 시대의 욕구에 종속되어야 한다는 답이 이루어진다. "오로지 철학의 변화만이 시대의 욕구에, 인간성에 부합하는 필연적인, 참된 철학일 수 있다. 세계사적 관점이 몰락하는 시대에는 물론 이 욕구는 대립하는 것이다. 어떤 이에게 그것은 낡은 것을 보존하고 새로운 것을 추방해야 할 욕구이거나 그렇게 보일 것이요, 다른 이에게 그것은 새로운 것을 실현해야 할 **욕구**일 것이다. 진정한 욕구란 어느 측면에 있는가? 전진 운동을 해나가는 미래의 — 예견된 미래의 — 욕구라는 측면이다."[113] 포이어바흐가 시대의 욕구를 근거로 느끼는 철학에 대한 불만은 마찬가지로 행위의 철학을 향한 청년헤겔주의적 전환의 추진력이 되었다. 그러나 이것은 기존 철학, 즉 헤겔 철학에 대한 내재적인 단절이라기보다는 오히려 철학적 대결의 중단이었다. 여기에서 헤겔이 참조되면서, 역사는『정신현상학』으로 되돌아가서 소외의 역사로 새롭게 규정되고 있었다.

3. 헤겔 이후: 자유의 역사를 대체한 소외의 역사

4. 보론: 『정신현상학』과 세계사[114]*

헤겔의 『정신현상학』은 헤겔 이후의 '소외의 역사로서 세계사'를 위한
모델이 되었다. '자유의 역사'라는 헤겔의 모델은 점점 뒤로 밀려났고 점차
망각되었다. 그렇다면 『정신현상학』에서 정신의 자기 생성은 세계사하고
는 어떤 관계를 맺고 있는 것인가? 헤겔이 『정신현상학』의 "서설"에서 결
과란 "세계사의 거대한 노동"을 통해 발생한다[115]고 언급하고 있으므로, 첫
눈에는 여기에 일종의 상응 관계가 존재하는 것처럼 보인다. 이러한 결과
는 절대적으로 매개된 존재가 "직접적으로 자아의 소유 또는 개념", 즉 "실
체의 내용"[116]이라는 사실에서 비롯한다. 그러나 여기서 헤겔은 특수한 개
인, 즉 불완전한 정신과, 보편적 개인, 즉 세계정신 사이를 구분한다. 특수

---

* 본래 독자적 논문으로 작성된 이 보론은 매우 난해하다. 여기서 핵심은 헤겔의 체계가 그
자체로 역사적 시간의 전개와 동일시될 수 없다는 것이며, 헤겔이 '논리적' 시간과 '역사적'
시간을 구분하고 있다는 사실, 따라서 『정신현상학』으로부터 소외론적 역사철학(소외된 인
간 본성의 실현으로서 역사의 목적을 향한 여정)을 도출하려던 청년헤겔학파가 헤겔의 텍
스트를 오인했다는 것이다.
여기서 저자 아렌트가 이러한 '체계적, 논리적' 헤겔 재독해를 강조하는 이유는 헤겔에게서
'역사'를 설명할 때 (『논리학』뿐만 아니라) 『정신현상학』 역시 직접적인 참조 지점이 될 수
없다는 것을 강조하고, 그리하여 '본질의 소외와 자기복귀'라는 소외론의 도식이 헤겔 자신
의 역사관이 아님을 역설하기 위해서다. 문제는 청년기의 맑스 역시 특히 『경제학-철학 수
고』에서 헤겔을 그러한 '소외의 역사'라는 청년헤겔학파의 문제틀 속에서 이해했고 그러한
틀 속에서 (잘못) 비판했다는 것이다. 따라서 저자는 소외론적 방법을 넘어서는 다른 각도
에서 ('자유' 개념을 중심으로) 헤겔과 맑스의 연결 지점을 발견하고자 시도한다.

한 개인이 그의 지식에 대한 의지 속에서 향하는 것은 보편적 정신에 의해 "이미 획득된 소유"인데, 이것은 특수한 개인에게는 외적인 것으로, 즉 그가 "획득"하고 "점유"해야 하는, 짧게 말해 전유해야 하는 그의 "실체" 또는 "비유기적 자연"으로 나타난다.[117] 개인의 실체인 보편적 정신의 측면에서 이는 실체가 "그 자기의식으로, 또는 그 자기 내 생성과 반성으로 존재한다는 것"[118]을 의미한다. 그에 따르면 개인을 통한 보편적 정신의 소유물에 대한 전유 그리고 보편적 정신의 자기반성은 서로 얽혀 있으며 이것은 특수한 개인이 보편적 개체성의 계기로서 행하는 활동이다. 그 안에서 정신은 자기 자신으로 돌아온다.

개인이 이미 획득된 보편 정신의 소유물을 전유하므로, "자기 자신에 대한 의식"에 도달하기 위해[119] 세계정신이 수행하는 "세계사의 거대한 노동"은 이미 이 개인의 배후에 놓여 있는 셈이다. 내용은 이미 "사유된 것"이며 또한 "개체성의 소유물"이다. 그것은 더 이상 "현존재를 즉자존재로 전도시키는 것이 아니라, 오로지 즉자를 대자존재의 형태로 전도시키는 것이다."[120] 예정돼 있던 『정신현상학』의 2판을 위해 이 구절이 수정되면서 분명해진 것은, "이미 회상(回想)된 즉자"가 대자존재의 형태로 전도된다는 것이다.[121] 회상에 대한 강조는 헤겔이 『정신현상학』에서 정신의 세계사적 노동의 관점으로부터 논증하고 있지 않다는 사실을 역설한다. 오히려 그는 이미 구성된 소유물의 관점으로부터 논증하고 있다. 그것은 계속되는 형태 변화에, 즉 대자존재로의 "전도"에 종속되어야 하는 것이다. 이는 표상과 추상적 관념 형태들로 굳어지고 그렇게 인식되는 정신의 노동의 결과들이 그 자체로 다시 다루어짐으로써 발생하게 된다. "이를 통해 달성되는 표상, 이렇게 인식된 것을 거슬러" 나아가는 지식은 "보편적인 자아의 활동이자 사유의 관심이다."[122] 이러한 활동은 계속해서 "지성의 힘이자 노

동"으로, "가장 경탄스러우며 거대한 또는 오히려 절대적인 위력"[의 힘과 노동]으로 표상된다.[123]

세계정신으로서 보편적 정신의 역사적 노동은 그런 연유에서 현존재를 즉자로, 즉 현존재의 직접성을, 이미 사유된 것이자 그러한 한에서 정신의 고유한 표상이라는 의미에서 회상으로 변형시킨다.[124] 그러나 이러한 표상은 다시금 개념으로 변형되어야 한다. 이러한 맥락에서 헤겔은 『정신현상학』의 경로[정신이 현상하는 경로]라는 관점에서 볼 때 시사해 주는 바가 많은, 이러한 지식의 자기 생성을 표현해 주는 방법적인 언급을 제시한다. "학문은 이러한 도야해 나가는(bildende) 운동을 그 세밀함과 필연성 속에서, 이미 정신이 그 형태의 측면에서는 자신의 계기이자 소유물로 내려간 것이라고 표현한다. 그 목표는 지식에 대한 정신의 통찰이다."[125] 여기서 언급된 도야해 나가는 운동은 흔히 이해하듯 정신의 노동을 말하는 것이 아니다. 헤겔은 이 맥락에서 오히려 개인의 도야[형성](Bildung)*라는 관점에서 이 개념에 대해 말하고 있다. 그것은 획득과 점유, 즉 정신이 이미 소유물로 획득하고 있는 것을 상상(Sich-Einbilden)하는 것이다. 달리 말하자면, 여기서 중요한 것은 정신의 노동이 갖는 결과에 대한 상상 또는 자기 것으로의 귀속인 셈이다. 따라서 이러한 결과는 이제 비로소 산출되는 것이 아니라 이미 전제돼 있는 것이다.

이러한 시각에서 『정신현상학』은 정신의 세계사적 노동을 언제나 회고적으로 바라보며, 적어도 살아 있는 활동이라는 의미에서는 이 노동은 이 책의 고유한 주제가 되지 못한다. 그에 알맞게 보편적 정신의 활동은 절대지에 관한 마지막 장에서는 상기(想起)하는 자기-회상의 양식 속에서 고

---

* Bildung은 기본적으로 bilden, 즉 '짓다, 형성하다'라는 의미에서 파생되어, 독일 고전철학에서는 정신이 스스로 형성되는 과정, 즉 정신의 '고양'이나 '도야'라는 의미로 주로 사용되며, 이와 관련하여 교육이나 교양을 나타낼 때에도 사용된다.

4. 보론: 『정신현상학』과 세계사

찰된다. 즉, 이 회상 속에서 과거에 일어난 세계사의 노동의 결과들은 정신의 자신에 대한 자기의식으로, 정신의 소유물로 현재화된다.『정신현상학』에서 정신의 산물들이 그 역사적 생성 속에서가 아니라 완성된 형태로 제시된다는 사실은, 어째서 한편으로는 정신의 형태들이 역사적 재료로 채워져 있으면서도, 다른 한편으로는『정신현상학』의 경로가 전반적으로 역사적 순서로 파악되기 힘든 것인지를 설명해 준다.

특수한 개인이 완수하는 것(그리고 이를 통해 이 개인은 보편적 정신 ─ 세계정신 ─ 으로 하여금 자기 자신의 의식에 도달하는 데 도움을 주는데)은 그 본질상 더 이상 (세계사와 같이) 정신적 현실을 **생산**한다는 의미에서가 아니라, 이미 생산된 것을 정신 자신의 토대 위에서 **재생산**한다는 의미에서, 더 정확히 말하자면, 개념의 형태 하에서의 **정신적 재생산**이라는 의미에서 정신의 노동이다. "개념화된 역사"[126]가 세계사의 흐름과 조화를 이룰 수 있는가, 아니면 역사적 기저와 관계를 맺지만 그럼에도 "정신의 구조적 차원"[127]이라는 체계적 틀 속에서 표현되는 어떤 체계적 수준 위에 놓여 있는가 하는 물음에 대해, 아마도 오로지 체계적 편성의 우위 쪽으로 [답이] 정해져야 할 것 같다. 브래디 보우먼(Brady Bowman)이 철저한 역사적이고 체계적인 해석에서 명확히 드러냈듯이, 이미 "감각적 확실성"에 대한 첫 장은 고대 철학의 입장들은 물론 헤겔의 동시대인들에 이르기까지 현대 철학의 입장들로부터의 종합으로 이해되어야 한다.[128] 헤겔이 정신의 역사에 부과하는 강조점, 그리고 이러한 역사가 기이한 자기의식의 역사로 해석되지 않고, 세계정신의 자기 관계적 활동으로서 그 자체 정신적 본질을 갖는 세계사 속으로 기입된다는 사실 ─ 이 모든 것은『정신현상학』이 역사 자체를 그 진행 형태 속에서 관념적으로 재생산하는 과정이라고 독해하는 방식으로 오인되어서는 안 된다.『정신현상학』은 오히려 역사적 생성의 재생산이 아니라, 그 안에서 이 역사가 정점에 도달하는 학문에 대한 체계적인 관계라는 의미에서, 이 역사의 결과들에 대한 관념적 재생산이다.

이러한 차이는 "세계사의 노동"이라는 언급과 관련해서 다시 한 번 조망되어야 한다. 헤겔은 1803/04년에 노동 전반을 정신이 **자신의 결과로부터 출발**해 자기 자신에게 돌아옴(Zu-sich-selbst-Kommen)이라는 과정의 형태로, 즉 정신의 순수 자기 관계성이라는 과정의 형태로 주제화하였다.[129] 그가 이렇게 할 수 있었던 이유는, 정신의 노동으로서의 반성이 1801/02년 이후에는 더 이상 절대자의 (자기) 파악이라는 관점에서 볼 때 결함이 있는 것으로 간주되지 않고, 오히려 절대적 반성 속에서 실행되는 절대자의 자기반성의 계기로서 간주되기 때문이다. 이러한 반성의 **목적**(telos) — 자유의 절대적 자기 관계성 — 은 이제 그 기초 형태에서부터 반성의 본질적인 계기로 강조된다.

노동과 소유의 관계는 이러한 맥락에서 이해될 수 있다. 헤겔은 소유가 노동을 통해 정당화된다는, 로크로 소급되는 이론을 대변하지 않는다.[130] 소유는 오히려 인정을 통해, 즉 계약을 통해 달성되며, 보편성과 이성이 이 계약을 통해서야 비로소 소유하는 표현을 통해 우연적인 것, "감각적인 직접성"으로 침투할 수 있다.[131] 더 자세히 고찰하자면 소유는 계약 속에서 반성되는 의지의 이성적 형태다. 헤겔에 따르면, 법적 관계에서의 인정은 "보편적"인 것으로서 "앎의 의지"이며, 그 안에서 "개별자의 의지는 […] 보편적인 의지로, 보편적인 것은 […] 개별적인 의지로" 된다.[132]

정리하자면, 헤겔은 이미 법적 형태로 구성된 시민사회에서 출발하여, 즉 자유로운 의지에 의한 소유의 인정에서 출발하여 노동을 규정한다. 헤겔 자신은 『예나 시기 체계 기획(Jenaer Systementwurf)』 III권에서, 양도되는 사물을 가치로 정립하는 교환 과정에서의 의지가 "내적인 행위"이며,

"존재로 침전되는 노동과 같은, 동일한 외화"라고 명확히 말한다.[133] 소유가 자유의지의 외화[양도]*된 영역이라면, 즉 자유의지가 객관화되어 [상호] 인정되는 영역이라면, 노동은 자유로운 의지를 통해 '자신을 사물로 만드는(Sich-zum-Dinge-Machen)' 주관성의 외화[양도]를 위한 기초 형태인 것이다. 이러한 의미에서 헤겔은 노동과 소유의 연관성을 다음과 같이 축약한다. "α) 나는 노동 속에서 자신을 **직접적으로** 사물로, 즉 존재하는 형태로 만든다. β) 마찬가지로 나는 이러한 나의 현존재를 외화[양도]한다. 즉 그것을 나에게 **낯선 것**으로 만들면서도, 그 안에서 나 자신을 **보존한다.** 바로 그 안에서 나는 내가 인정된 존재라는 사실을, 즉 알고자 하는 존재라는 것을 볼 수 있다. 여기서 나의 직접적인 자아는 대자존재, 나의 인격이 된다. 따라서 여기서 나는 나의 인정된 존재를 나의 현존재로 바라보며, 이러한 효력이 나의 의지가 된다."[134]

이를 통해 『정신현상학』과 관련해 분명히 드러나는 것은 헤겔이 노동 자체의 구조가 아니라 — 물론 실제로는 이러한 노동 자체의 구조는 실재하는 역사적 진행의 형태에 대한 재구성을 위해 결정적일 테지만 — 오히려 인정의 구조를 반복적으로 다룬다는 사실이다. 이 인정의 구조는 전체적으로 정신의 개념 속에서 그리고 특히 특수한 개인과 보편적 개인의 관

---

*   Entäußerung을 철학에서는 '외화'로 번역할 수 있지만, 경제적인 의미로는 '양도'라는 뜻도 가지고 있다. 영어의 alienation이 '소외'와 '양도'를 모두 뜻하는 것과 유사하다. 독일 고전철학이나 청년기 맑스가 이 '외화'라는 단어를 많이 사용하는데, 보통은 소외, 즉 본질이 밖으로 나가 자립화된 상태와 동의어로 사용하지만, 헤겔은 이 단어를 부정적 뉘앙스로 사용하지 않는다. 그는 이 단어의 철학적 의미를 시민사회에서의 경제적 교환관계, 즉 노동을 통해 생산한 사물을 타인에게 '양도'한다는 의미와 결합시켜 오히려 소유와 상호인정 관계 사이의 연관성을 설명한다. 즉, 외화는 자신의 의지를 타인과 교환하고 공유할 수 있는 관계로 만든다는 것을 뜻한다. 따라서 거꾸로 이 교환 속에서 나 또한 타인의 양도된(외화된) 사물을 나의 것으로 수용한다. 결국 시민사회는 이처럼 자유의지에 입각해 나의 의지와 타인의 의지 사이의 상호적인 외화(양도) 속에서 서로의 인격이 상호 인정되는 관계를 창출한다.

계 속에 있는 상호성을 표현해 준다. 이러한 노동, 소유 그리고 인정의 연관성은『정신현상학』자체 내에서는 주인과 노예에 관한 장에서 맹아적 모델로서 다뤄지고 있다.

이에 반해 청년 칼 맑스는 1844년의『파리 수고[경제학-철학 수고]』에서 세계사의 노동이라는 헤겔의 언급을,『정신현상학』이 일종의 노동을 통한 인간의 역사적 자기 구성의 논리를 담고 있다는 의미로 이해하였다. "헤겔『정신현상학』과 그 최종적 귀결들에서 위대한 점 ― 운동하며 산출하는 원리로서 부정성의 변증법 ― 은 헤겔이 인간의 자기 산출을 하나의 과정으로, 대상화를 탈대상화로, 외화로, 그리고 이러한 외화의 지양으로 파악했다는 사실, 즉 그가 **노동의 본질**을 파악하고 대상적인 인간, 참된, 따라서 현실적 인간을 그 **자신의 노동**의 결과로 개념화했다는 사실에 있다."[135] 이러한 틀 속에서 맑스는 "**사유재산의 운동**"[136]을 사유재산이 사회적인 형식으로 발생하고 극복되는 세계사적인 운동으로 이해한다. 실제로 맑스는 1844년 "역사의 해결된 수수께끼"이자 자신을 "이러한 해결책"으로 "알고 있는" "공산주의"[137]를 [『정신현상학』의] 절대지의 위치에 놓으며, 그런 한에서 역사의 자기의식에게 "역사의 전체 운동은 […] 이러한 생성의 파악된 그리고 인식된 운동"이라고 표현한다.

맑스는 모든 갈등이 해소된 소외되지 않은 세계라는 그의 공산주의에 대한 관점을 통해, 헤겔 이후의 아방가르드[청년헤겔학파]에 의해 정식화된 소외의 역사라는 패러다임을 공유한다. 개인에게 완전히 투명한 세계를 목표로 삼는 "소외의 낭만주의"[138]는『정신현상학』의 역사적 독해 방식에 상응하는 것이다. 생성하는 지의 운동이 인간 유의 세계사적 구성과 동일시된다면, 세계사는 헤겔이 절대지 속에서 주체와 객체의 대립의 완전한 극복으로 묘사한 것의 논리를 따를 것이다.[139] 이는『정신현상학』의 결론 장에서 이렇게 표현된다. "자아의 존재는 사물이다."[140] 여기에는 정반대의 명제가 상응한다. "사물은 자아다."[141] 이 두 문장은 헤겔에 따르면 "무한 판단"이다. 무한 판단은 이미 1804/05년의 예나 시기 논리학 수고에서는 주어와 술어가 지양되어 더 이상 어떠한 판단도 아닌 독특한 것으로 그려진 바 있다.[142] 즉, 그것은 여기서 — 판단 속에서 — 우선적으로 계사("이다")로 나타나는 제3의 것 속에서 두 문장의 부정적 통일을 지시한다. 헤겔이 보기에는 물론 근본적으로 결함이 있고 따라서 이성에 부적합한 이러한 판단 형식으로부터 드러나는 것은 이 두 명제들이 이론적 인식에 속하며 이를 통해 의식의 대립을 여전히 극복하지 못했다는 사실이다. 헤겔에 따르면 이를 위해 사물은 도덕적 자기의식 속에서, 즉 실천적 인식의 영역 위에서 비로소 실현되는 "본질 또는 내적인 것으로서, 자아로서 인식되어야 한다."[143] 여기서 자기 자신을 확신하는 정신은 "다름 아닌 이러한 자기 자신에 대한 지식을 현존재의 요소로" 갖는다.[144] 그리고 이러한 지식은 "자아(Ich)=자아(Ich)"[145]라는 형식을 갖는다. 이제 이러한 자아의 자기-스스로-투명해짐은 청년헤겔주의자들에 의해 소외되지 않은 현실에 대한 상상을 위한 배경이 된다.

5. 철학의 실현과 자유의 실현

헤겔은 자유를 기독교적 종교의 원칙으로 고찰하는 가운데 자유라는 정신적 원칙의 실현을 기술하였다. 많은 것들이 증언해 주듯이, 청년헤겔주의자들은 바로 이 때문에 급진적 종교 비판을 실행하는 가운데 이러한 [헤겔의] 관점을 시야에서 놓쳐 버렸고, 자유의 역사 대신에 소외의 역사를 해방을 향한 이론과 실천의 모델로 만들었다. 물론 여기에는 하인리히 하이네와 칼 하인리히 맑스라는 눈에 띄는 두 예외가 존재한다.

앞서 언급되었듯, 하인리히 하이네는 종교개혁, 철학적 혁명 그리고 정치적 혁명을 하나의 연속선상에 제시할 때 헤겔을 참조한다. 그의 서사시 『독일, 어느 겨울 동화(Deutschland, ein Wintermärchen)』(1844)에서는 이렇게 표현되어 있다. "새로운 노래, 더 나은 노래를,/ 친구들이여 나는 너희를 시로 쓰노라!/ 우리는 여기 대지 위에서 이미/ 천상의 왕국에 도달하고자 했다네." 이때 그는 헤겔 이후의 종교 비판이 아니라, "종교적인 것은 그 천상의 실존을 현세적 차안으로 그리고 보통의 세속성으로 [⋯] 격하"[146]시킨다고 보는 헤겔의 종교철학을 인용하는 셈이다. 하인리히 하이네의 친구이자 파리에 망명 중이었던 칼 하인리히 맑스 역시, 그가 ― 이미 언급했듯이 ― 1843년 브루노 바우어의 「유대인 문제」를 비판하면서 민주적 국가를 (기독교적) 종교 정신의 세속적 형태로 묘사했을 때[147], 이러한 관계에 대해 알고 있었을 것이다. 마찬가지로 훗날 헤겔 철학과의, 동시에 헤겔에 이르기까지 철학적 전통과의 단절을 연출하는 루트비히 포이어바흐는 본래 헤겔적 사고를 따르고 있었다. 그가 헤겔에게 자신의 박사논문을 보내면서 동봉한 1828년 11월 22일의 편지에서 그는 자신의 논문이 "이념의 실현이자 세속화라고 […] 불릴 수 있을, 철학함 자체의 한 종류에 대한 흔적을 담아내"고 있기를 희망한다고 밝혔다.[148] 계속해서 포이어바흐는 헤겔 철학의 정신 속에 "현실 속에서 표현되는 보편적 정신을 향한, 말하자면 하나의 새로운 세계의 시대를 향한" 씨앗이 놓여 있으며, 이제 "소위 왕국, 즉 이념의 왕국을 촉진하는 것"이 필요하다고 쓴다.[149]

이념의 세속화 ─ 이 개념은 헤겔, 하이네, 맑스 그리고 청년 포이어바흐를 연결시킨다. 기독교를 계승하는 자유의 실현에 대한 헤겔적인 모델을 따라가다 보면, 이러한 세속화는 동시에 이념적인, 천상의 자유의 왕국에 대한 상실, 격하를 의미하기도 한다는 것이 드러난다. 칼 맑스는 이러한 귀결을 또한 철학과의 관계 속에서 도출하는데, 이때 그 기저에 깔린 헤겔적인 맥락이 감지된다. 그는 철학과 세계의 관계라는 주제를 그의 박사논문 『데모크리토스와 에피쿠로스 자연철학의 차이(Über die Differenz der demokritischen und epikureischen Naturphilosophie)』에서 다룬다. 이 논문의 근본적인 주장에 따르면, 철학은 직접적으로 실현될 수 없는데, 왜냐하면 철학 자체는 '세계'와의 관계 속에서 변화를 경험하기 때문이다. "내적인 자기만족성과 얼버무림은 중단되었다. 내적인 빛이었던 것은 외부를 향해 타들어가는 화염이 된다. 그리하여 세계의 철학화는 동시에 철학의 세계화라는, 철학의 세속화는 동시에 그것의 상실이라는 귀결이 도출된다."[150]

이 "내적인 자기만족성과 얼버무림"이 [헤겔의 『종교철학 강의』에 나오는] "진리의 자산을 보존해야 하는 고립된 사제의 지위"라는 철학의 "특수한 신성함"[151]을 떠올리게 만드는 것은 우연이 아니다. 그럼에도 철학이 세계를 향해 나아가고자 한다면, 철학에는 어떤 일이 벌어질 것인가? 맑스의 문제 설정은 이것이었다. 혹은, 세계가 철학을 향해 나아갈 수는 없는가? 이러한 질문은 전적으로 헤겔을 통해 세워졌다. 철학이 사유 속에 파악된 그의 시대라면, 역사적 현실 자체로부터 도출된 철학의 욕구 또한 그 시대 안에 머물러 있을 것이다. 헤겔 자신은 이를 그의 예나 시기 저작인『[피히테와 셸링 철학 체계의] 차이』에서 표현한 바 있다. 여기서 그는 이렇게 서술한다. "이분화는 철학의 욕구의 원천"이며 견고해진 대립의 지양은 "이성의 유일한 관심"이다.[152] 철학의 욕구는 "시대의 우연성"[153]으로서, "결합의 힘이 인간의 삶으로부터 사라질 때"[154] 나타난다. 물론 이성은 이러한 욕구에 의존하지 않는다. 이성은 자기 자신 내에서 근거하며 따라서 철학의 욕구는 이성의 본질에 닿지 않는다. 이 욕구는 헤겔이 말하듯, 철학의 "앞마당(Vorhof)의 한 종류"라 할 수 있다.[155] 그러나 홀로 이성의 관심을 추구함으로써, 철학은 동시에 삶을 장악한다. 왜냐하면 철학이 관계 맺는 대립은 "모든 인간적 관심의 무게들을 자신에게 연결 짓기" 때문이다.[156]

헤겔에게서 철학은, 시대가 철학적 답변에 대한 욕구를 제기할 때면 언제나 시대의 욕구에 답할 능력을 갖추고 있어야 했다. 철학의 외떨어진 신성함은 세계에 대해 열려 있지만, 진리를 수호하는 그 신성함의 사제들은 진리를 선언하고 실천적으로 되도록 만들기 위해 세계로 들어가지는 않는다. 막스 호르크하이머(Max Horkheimer)와 테오도르 W. 아도르노(Theodor W. Adorno)는『계몽의 변증법』에서 유사한 입장을 취한 바 있다. "세계의 변혁을 위한 프로파간다라는 하나의 넌센스! […] 심지어 자유의 프로파간다조차, 그것이 이론과, 호명된 자들의 특수한 이해관계의 상태 사이의 차이를 평준화하고자 한다면 오류에 빠질 수 있다."[157] 이러한 숙고를 통해

5. 철학의 실현과 자유의 실현

두 저자들은, 현재에는 그것의 수신자들을 더 이상 찾을 수 없는 하나의 이론을 오직 유리병에 든 편지로서만 미래를 향해 부칠 수 있었던 것이다. "오늘날 누군가에게 말을 걸 수 있다면, 그것은 소위 대중도 아니요, 무기력한 개별자도 아니고, 상상 속의 증인일 터인데, 우리는 이 편지가 우리와 함께 가라앉지 않도록 그에게 남겨 놓는다."[158] 헤겔은 확실히 이러한 체념과는 거리가 멀다. 그러나 헤겔과 호르크하이머/아도르노는 철학이 시대의 투쟁 속에서 그 진리를 잃어버릴 수 있다고 걱정한다는 점에서는 일치했다.

이에 반해 맑스는 철학의 세속화 속에서 필연적인 상실을 보았다. 이러한 상실은 바로 신성함 속에 보존되어야 하는 것, 즉 철학의 자기 관계적 고립과 관련이 있다. 맑스의 주장을 이해하기 위해서는 앞서 인용된 구절 [미주 150의 인용문]의 완전한 맥락이 덧붙여져야 한다. 무엇보다 중요한 것은, 맑스는 그것을 이렇게 불렀는데, 헤겔학파의 "비철학적" 전회였다.[159] 헤겔의 제자들은 그들의 스승이 시대의 정치-사회적 현실에 순응한다고 비난하였고, 이를 통해 그를 도덕적으로 설명하고 비판하였다. 이에 반해 [맑스에게] 중요한 것은 그 철학자[헤겔]가 가진 외관상의 혹은 실제적인 불충분함을 "그의 원칙이 갖는 불충분함 또는 그것에 대한 불충분한 파악"으로부터 설명하는 일이었다. 제자들이 스승에게 가하는 비판에서 표현되는 것처럼 보이는 도덕적 진보는 실은 "지식의 진보"일 뿐이다. "철학자의 특수한 양심이 의심받는 것이 아니라, 그의 본질적인 의식 형태가 구성되는 것이며, 그것이 하나의 특수한 형태와 의미로 고양되는 동시에 이를 뛰어넘는다."

여기서 맑스는 명백히 철학은 사유 속에 파악된 그 시대라는 [헤겔의] 관점을 강조하고 있는 것이다. 그리하여 이때 체계적으로 완성되고 고립된 철학은 정신의 세계사적인 자기 확신의 결과일 수 없다는 사실이 드러나고 있다. 달리 말하자면, 철학은 시대와의 매개로부터 벗어날 수 없으며, 철학으로서 '세계'와의 고립 속에서 자신을 보존할 수 없다. 이러한 지점에서는 맑스는 명백히 처음부터 헤겔을 따를 태세가 되어 있지 않았다. 물론 맑스는 헤겔의 제자들이 가진 비철학적 도덕주의를 비판했지만, [헤겔이 현실에] 순응했다는 이러한 비난이 유행했다는 것은 이미 맑스가 보기에는 그 시대의 표현으로서 헤겔 철학이 더 이상 현재의 지식을 대변하지 않으며, 따라서 그 자체 불충분했고 또 불충분해졌다는 사실을 의미했다.

이때 맑스에 따르면 "자기 내에서 자유로워진 이론적 정신이 실천적인 에네르기가 되며, 아멘테스의 저승*에서 벗어나려는 의지로서, 세속적인, 즉 정신이 부재한 채로 현존하는 현실에 대항한다는 것은 심리학적 법칙이다."[160] 그가 자유의 의식을 의지로서 실천적으로 만들려 하며, 다른 한편으로 이러한 의지는 이제 현존하는 것에 대항하는 철학의 비판적 실천의 심급이 된다는 의미에서, 맑스는 여전히 헤겔적인 궤도에서 운동하고 있는 셈이다. 물론 헤겔은 이러한 귀결을 암시하긴 했으나, 명시적으로 도출하지는 못하였다. 맑스는 "철학의 실천은 [⋯] 그 자체로 **이론적**"이라는 사실을 강조한다. "개별적 실존을 본질에 맞게, 특수한 현실을 이념에 맞게 측정하는 것은 **비판**이다. 이러한 철학의 **직접적인 실현**은 그 가장 내적인 본질에 따라 모순에 빠져 있다."[161]

따라서 맑스가 보기에 철학의 직접성, 세계에 대한 철학의 자기 관계적 고립은 가상이다. 이러한 사실은, 적어도 외관상 폐쇄적이고 완성된 것처럼 보이는 철학이 심리적 법칙에 복종하면서 현존하는 실재에 비판적으로 맞설 때만큼은 분명히 드러난다. 이것은 물론 한편으로 당위로서의 철학

---

* 아멘테스(amenthes)는 '저승'을 일컫는 고대 이집트의 명칭 중 하나다. 사자(死者)를 다스리는 오시리스가 지배하는 지하세계로 묘사된다.

5. 철학의 실현과 자유의 실현

적 이념이 현존하는 현실에 맞서도록 하는 입장을 의미하지만, 그러나 맑스의 관점에 따르면 이는 다른 한편으로는 아마도 현존하는 현실에 대한 매개를 청산하려 시도하는 모든 철학에 적용될 것이다. 맑스가 명시적으로 강조하듯이, 철학은 "세계에 대한 반성 관계"로 진입한다. 즉, 철학은 세계에 반(反)하는 완결된 총체성이 아니라, 세계 진행의 총체성의 계기이며, 맑스는 철학이 언제나 그래왔다고 보고 있는 듯하다. 따라서 철학이 세속화 속에서 겪는 상실은 무엇보다 환영(幻影), 즉 직접성이라는 가상의 상실이다.

반성 관계는 또한 모순 관계이기도 하며, 맑스는 특히 여기에 가치를 부여한다. 철학이 분명하게 세계의 총체성의 계기로 기능하는 한에서, 철학 자신은 "추상적 총체성으로 격하된다."[162] 그러나 현존하는 현실에 대한 철학의 비판은, 세계가 단지 추상적 총체성일 뿐이라는 것을 겨냥한다. 이 추상적 총체성 속에서 개인이 전체의 계기로서 자신과 현실의 일치 속에서 자신을 발견하는 것은 불가능하다. 여기서 비판되는 소외는 철학 자체에 기입되어 있다. 그리하여 철학이 "외부를 향해 투쟁하는 것은 철학 자신의 내적 결함이다. […] 철학에 대립하며 철학과 투쟁하는 것은 언제나 단지 전도된 요소들을 가지고 있을 뿐, 철학 자신과 동일하다."[163]

이것은 관계의 객관적 측면이다. 맑스에 따르면 주관적 측면은 개인들이 철학과 세계가 맺는 관계의 정신적 담지자로서 "둘로 쪼개진" 관계를 발전시킨다는 데에서 비롯한다. "그들이 비철학으로부터 세계를 해방시키는 것은 동시에 그들이 자신의 족쇄에 채워진 특정한 체계로서의 철학으로부터 스스로 해방되는 것이다. 그들 자신은 행위와 직접적인 발전의 에너르기 속에서 파악되기 때문에, 즉 이론적 관점에서 여전히 그러한 체계를 뛰어넘지 못했기 때문에, 그들은 체계의 유동적인 자기동일성과의 모순만을 지각할 뿐이며, 그들이 이 자기동일성에 대항함으로써 오로지 그 개별적인 요소들을 실현할 뿐이라는 것은 알지 못한다."[164]

여기서 중요한 것은, 주관적인 철학의 자기의식의 이중적 분열성이 체계 자체에서 비롯한다는 것이다. 오직 이 때문에 "철학적 자기의식의 이중성"은 서로 통하는 두 극단들의 대립으로 묘사된다.[165] 한편에서는 철학의 개념과 원칙을 고집하는 "자유주의 당파"가 있고, 다른 한편에는 "비개념, 실재의 계기를 주요 규정으로 고집"하는 "긍정 철학"의 당파가 있다. "자유주의" 당파(청년헤겔주의적인 자기의식의 철학)는 '세계'에 비판적으로 대항하며, 긍정 철학 당파(특히 셸링의 후기 철학)는 세계의 '실재'를 철학에 대립시킨다. 그리하여 비(非)철학 또는 무(無)철학의 당파가 철학 내적으로 철학의 결함에 맞서 투쟁하며, 이에 반해 자유주의 당파는 바로 그러한 철학의 내재성을 떠나 외부를 향해 나아가고자 한다는, 겉보기에 역설적인 귀결이 세워진다.[166] "첫째로 철학과 세계의 전도된 관계와 적대적 분열로 드러나는 것은, 둘째로 개별적 철학적 자기의식의 내적 분열로 되며, 결국 철학의 외적 분열과 이중성으로, 두 개의 대립하는 철학적 방향으로 드러난다."[167]

맑스는 여기서 분명히 자유주의 철학에 공감하고 있다. 그가 보기에 긍정 철학에서는 "광기가 그 자체로" 드러나는 반면, 자유주의 철학은 "개념의 당파"로서 "현실적 진보"를 산출할 것이다.[168] 달리 말하자면, 긍정 철학은 무비판적으로 받아들인 현실의 입장에서 출발해 철학을 비판하는 반면, 개념의 당파는 비판 그리고 이를 통한 현실의 변혁을 행할 능력을 갖추고 있다. 그럼에도 이때 맑스는 그가 말한 "체계의 유연한 자기동일성"이 철학과 세계의 현실적 매개의 관점에서는 어쨌거나 가상이라는 주장에서 출발한다. 그러나 그럼에도 불구하고 그는 개념을 옹호하는데, 이는 내용

5. 철학의 실현과 자유의 실현

적인 비판의 가능성, 그리고 결국 현실의 변화의 가능성은 오로지 현실의 개념에서 비롯하기 때문이다.

확실히 맑스는 여기서 '유물론적'이라거나 '공산주의적'으로 이해되거나 분류될 수 없는 청년헤겔주의적 입장으로부터 논증을 진행하고 있다. 그럼에도 불구하고 이러한 논증의 수행은 맑스가 이후에 철학 일반 그리고 특수하게는 헤겔에 대해 맺는 관계에 관하여 근본적인 내용을 말해 준다. 자기 내에 근거하는[외부의 원인을 갖지 않는] "존재"의 우위를 고수하는 모든 유물론적 입장에 반대하여, 맑스는 오히려 중요한 것은 비판과 실천의 가능성이라는 점을 명확히 했다. 그가 이후에 이를 '관조적' 유물론으로 특징짓고 비판하였듯이, 이러한 관점에서 그것은 긍정 철학의 쌍둥이일 뿐이다. 거꾸로 맑스는 『정치경제학 비판 요강』에서 드러나듯, 이후에 개념의 입장을 향해 나아간다. "개념으로 파악된 세계 그 자체는 […] 현실적인 것이다." 왜냐하면 현실은 감각적으로 지각 가능한 개체들과 다르며 그 이상이기 때문에, 즉 관계들이기 때문이다. 관계들은 '낡은' 유물론 또는 감각주의의 의미에서의 '반영(Widerspiegelung)'을 넘어서는 것이다. 그러한 한에서 현실은 "주체적 총체성으로서, 사유의 총체성으로서, 사유의 구체물로서 실은 사유의, 개념 파악의 산물이다."[169] 물론 맑스는 더 이상 개념 파악을 실현되어야 할 철학으로 연결시키지는 않으며, 오히려 헤겔에 기대어 제시하는 경험적-과학적 의식으로 연결시킨다. 그는 헤겔 변증법을 "모든 철학의 마지막 단어"[170]로 보았으나, 그것의 지위는 더 이상 명시적으로 설명되지는 않는다. 마치 동시에 철학에도, 비철학에도 의존할 수 있다는 철학적 자기의식의 이중적 분열이 이후의 맑스를 괴롭힌 것처럼 보인다.

맑스가 비판한 철학의 **직접적** 실현의 형태와 관련하여 확인할 수 있는 것은, 헤겔에게서 절대이념이 표현하는, 완전히 발전된 자유의 의식은, 이성적 이유에서 올바르게도 자유롭다고 간주될 수 있는 사회적이고 정치적인 질서의 직접적으로 적용 가능한 조직 모델을 현실에 제시하지는 않는다는 사실이다. 칼 맑스는 이러한 모습을 올바르게 직시했고, 따라서 절대자의 규정을 직접적으로 현실에 적용하려 했던 모든 청년헤겔주의자들에 대해 근본적으로 거리를 두었다. 이때 맑스는, 세계와 일상의 소음으로부터 고립된 진리를 보호하고 그것이 침해되지 않도록 해야 할 어떤 이유도 없음을 분명히 확신하였다. 그 이유는 분명 철학적인 진리관 자체에 내재해 있는 것이다. 앞으로 드러나겠지만, 헤겔에게서 절대이념은 "모든 외적인 것과 자기 자신의 외면성, 자신의 현존 자체로부터 추상"될 수 있는 정신의 능력에서 기인하는 추상의 산물이다.[171] 그럼에도 불구하고 절대이념은 동시에 "모든 것 안에서 자기 자신을 통해 자기 자신을 발견하고 인식하려는 충동"[172]이다. 맑스는 여기서 분명 이미 하나의 신비화, 즉 실재에 대한 사유의 자립화를 직시하였고, 이러한 관점을 계속해서 대변하게 될 것이었다. 사후에 그 날갯짓을 시작하는 미네르바의 올빼미라는 헤겔적인 이미지가 의도하는 입장, 즉 (철학적) 의식이 (헤겔적인 의미로는 정신적) 존재를 쫓아야 한다는 것은 맑스에 의해 무엇보다 하나의 표현 관계로 이해되었다. 즉, 사유는 ― 어떤 경우든 일차적으로 ― 특정한 존재의 표현이다. 그렇다면 청년 맑스가 전제하듯이, 아직 세속화되지 않은 철학은 객관적으로 충족될 수 있을, 즉 그것의 실현이 현실적 가능성에서 기인하는 현재의 욕구와 결합될 것이다. 이것은 한편으로 맑스와 헤겔을 분리시킨다. 맑스가, 헤겔을 빌려 말하자면, 논리학의 규정들을 실재철학적인 내용들의 표현으로 이해하기 때문이다. 그러나 다른 한편 그것은 맑스를 헤겔과 일치시킨다. 그가 이론은 실재에 대항하는 당위를 뜻하는 것이 아니라고 주

5. 철학의 실현과 자유의 실현

장하기 때문이다.

예를 들어 맑스의 입장은 그의 1843년 수고『헤겔 법철학 비판』에서 발견된다. 이 저작은 헤겔의 내적 국가법론을 다루지만, 이뿐만 아니라 사법(私法)에 대한, 또 시민사회 영역에 대한, 그리고 특히 "욕구의 체계", 즉 경제에 대한 관점을 제시해 준다. [헤겔의]『법철학 강요』261절에서 시작하는 이 텍스트는 헤겔에 대한 지속되는 비판적 코멘트를 서술한다. 여기서 맑스는 가족, 시민사회 그리고 국가 관계에서의 모순들을 확인하는데, 여기서 "이 영역들 자체의 본질적 관계"가 다뤄진다.[173] 헤겔은『법철학 강요』262절에서 가족과 시민사회를 유한성의 영역으로 규정함으로써 이 모순을 무디게 만든다. 정신, "현실적 이념"은 "그 관념성으로부터 스스로 무한하고 현실적인 정신이 되기 위해서는"[174] 이 유한성의 영역과 구분된다는 것이다. 맑스는 여기서 하나의 "논리적인, 범신론적 신비주의"[175]를 읽어 낸다. 왜냐하면 국가로서의 현실적 이념은 여기서 "마치 그것이 특정한 원칙에 따라 그리고 특정한 의도를 위해 행위하는 것처럼" 서술되기 때문이다.[176] 따라서 한편에서 국가 그리고 다른 한편에서 가족과 시민사회의 현실적 관계는 인륜적 이념으로서 국가의 자기 매개의 단순한 현상이 된다. "현실적 관계는 사변에 의해 현상(Erscheinung, Phänomen)으로 표현된다. […] 현실은 자기 자신으로가 아니라, 또 다른 현실로 표현된다. […] 이념은 주체화되고, 국가에 대한 가족과 시민사회의 현실적 관계는 그것들의 내적인 상상적 활동으로 파악된다. […] 그러나 이념이 주체화되면, 여기서 현실적 주어들은 […] 이념의 비현실적인, 다른 것을 의미하는, 객관적인 계기들로 된다."[177]

의심의 여지없이 맑스는 여기서 주어와 술어의 혼동*이라는 포이어바흐적인 종교 비판과 헤겔 비판의 근본 특징들을 인용하고 있다. 존재는 이념 또는 신이라는 상상적 주어의 술어가 된다. 그러나 맑스는 여기에, 이미 인용된 구절에 암시되어 있는 추가적인 요점을 제시한다. "일상적인 경험은 자기 자신의 정신이 아니라 타자의 정신을 가지고 있다. 이에 반해 현실적 이념은 자기 자신으로부터 발전된 현실이 아니라, 일상적인 경험을 현존재로 갖는다."[178] 앞 문장은 다시금 [주어와 술어의] 혼동이라는 정식과 관련이 있다. 그러나 뒤의 문장은 그 이상을 말하고 있다. 현존재가 상상적인 주어의 술어가 되고 이로 인해 신비화된다면, 맑스가 현실적 이념이라고 부르는 것은 거꾸로 고유한, 이 이념에 상응하는 현실을 갖지 않으며, 오히려 현실은 현재의 경험에 대해 무비판적으로 관계할 것이다. 사변적 신비화는 동시에 단순한 경험주의인 것이다. 즉, 그것은 현실을 그것이 직접적으로 드러나는 모습 그대로 받아들인다. 이후에 맑스는 이렇게 말한다. 헤겔은 "이념의 현실적 진리로서 경험적 실존을 무비판적 방식으로부터" 취하는데, "왜냐하면 중요한 것은 경험적 실존을 진리로 이끄는 것이 아니라, 진리를 경험적 실존으로 이끄는 것이기 때문이며, 따라서 전자의 진리는 이념의 현실적 계기로 발전되기 때문이다."[179] 이를 요약하면서 맑스는 이것을 필연적인 "경험에서 사변으로의 전도이자, 사변에서 경험으로의 전도"[180]라고 불렀다.

결과적으로 맑스는 헤겔의 이원론을 비난한다. "헤겔이 실제적인 실체(ύποκείμενον, 주어)로부터가 아니라 술어, 보편적 규정으로부터 출발한다

---

* Subjekt는 철학적 '주체'라는 의미와 함께 언어에서의 '주어'라는 의미도 가지고 있다. 이에 착안하여 포이어바흐는 헤겔에게서 이념이 주체, 곧 주어가 되며, 현실은 그 주어의 술어가 된다고 본다. 그러나 실제로는 현실이 주어(주체)이고 이념은 그러한 현실의 산물로서 이 주어의 술어, 즉 객체일 수밖에 없다. 이렇듯 '주객전도'의 도식을 언어적으로 전환해 헤겔 관념론을 주어와 술어 사이의 전도로 규정한 것은 포이어바흐의 헤겔 비판이 드러내는 두드러진 특징이며, 청년기 맑스는 이러한 포이어바흐의 헤겔 비판을 많은 부분 수용한다.

는 바로 그 사실 때문에, 신비한 이념이 이러한 담지자가 된다. 헤겔은 보편자를 현실적 유한자의 현실적 본질, 즉 실존하는 것, 규정된 것으로 고찰하거나 현실적인 실체(Ens)를 무한의 현실적 주어로 고찰하지 않으며, 이런 의미에서 이것은 이원론이다."[181] 경험적인 수준에서는 매개가 성공할 수 없다. 맑스에 따르면, 그것은 오로지 헤겔이 이러한 매개를 "동시에 사변적인 논리학의 신비로, 이성적인 관계로, 이성의 추론으로 고찰하는"[182] 『논리학』에서만 성공을 거둘 수 있다.

따라서 맑스에 따르면 "논리학의 근본적 이원론"은 논리학이 그 자체 이원론적으로 파악된다는 데에서 기인하는 것이 아니라, 그것이 경험적 실재에 대하여 항상 이미 완성된 매개로 제시된다는 데에서 기인하는 것이다. 즉, 논리학은 경험적 실재를 구체적 보편성이라는 논리적 개념의 조명 속에서 반성한다(맑스의 관점에 따르면 외적으로 반성한다). "구체적인 내용, 현실적인 규정은 형식적으로 나타나며, 완전히 추상적인 형식 규정이 구체적 내용으로 드러난다. [⋯] 법철학이 아니라 논리학이 참된 관심이다. [⋯] 사태의 논리학이 아니라, 논리학의 사태가 철학의 계기가 된다."[183] 그러므로 '현실적' 극단들 — 즉 하나의 자기 관계적 구조로 지양될 수 없는 극단들 — 의 실재철학적인 매개는 이성적 추론의 부적절한 논리적 형태를 거쳐 구성된다. 이는 본질(이성적 추론)과 현상하는 현실(실재적 대립) 사이의 분리로 이어진다. 맑스가 헤겔에 반대하여 주장하듯이, 개념 파악은 "그러나 헤겔이 말하듯 논리적인 개념의 규정들을 전적으로 다시 인식하는 것이 아니라, 고유한 대상에 대한 고유한 논리를 파악하는 것에서 비롯한다."[184]

이것이 [헤겔] 『논리학』의 구상에 대한 설명으로 적합한 것인지에 관해서는 반론의 여지가 있다. 다만 분명한 것은, 맑스가 『논리학』을 오로지 경험과학적인 관점에서 고찰하며, 헤겔에게서 나타나는 논리학에 대한 체계적인 근거들의 연관성에 대해서는 인지하지 못하고 있다는 사실이다. 실제로 맑스는 1843년에는 아직 시민사회라는 '고유한 대상에 대한 고유한 논리'를 위한 열쇠를 가지고 있지 않았다. 따라서 자유의 실현이라는 관점은 결코 경험과학적으로 정당화되는 것이 아니라, 사변적 구성의 진리 속에 등장했다. 이러한 관점은 1844년 『독불연보』에 실린 『헤겔 법철학 비판』의 「서문」에 나타난다. 여기서 맑스는 다시금 헤겔 법철학의 §360에 관하여 다음과 같이 서술한다. "따라서 진리의 피안(彼岸)이 사라진 이후에, 차안(此岸)의 진리를 수립하는 것은 역사의 과제다. […] 이와 함께 천상에 대한 비판은 현세에 대한 비판으로, 종교에 대한 비판은 법에 대한 비판으로, 신학에 대한 비판은 정치에 대한 비판으로 전환된다."[185] 그러나 독일에서 "자유의 역사"[186]가 처한 상태에 관하여, 이 "현세에 대한 비판"이 겨냥하고 있는 것은 독일의 상태 그 자체가 아니라 독일의 국가철학과 법철학이었다. 이들은 "공식적인 현대의 상황에 액면 **그대로 부합하는** 독일의 역사다. 따라서 독일 민족은 그들의 현재 상태를 통해 이러한 자신의 꿈의 역사에서 깨어나야 한다."[187] 여기에서 맑스는 다시 한 번 자유주의 철학과 긍정 철학 사이의 대립을 정치에서의 실천적 당파와 이론적 당파 사이의 대립으로 변화시킨다. 맑스에 따르면, 철학의 부정과 실현은 서로를 조건 짓는다. 철학의 실현만이 철학을 부정할 수 있으며, "철학으로서의 철학, 기존의 철학에 대한 부정"을 통해서만 철학은 실현될 수 있다.[188] 이러한 부정이 무엇을 뜻하는가는 불분명한 채 남아 있다. 그것은 철학 자체의 지양인가 아니면 **사변철학**, 즉 자신의 근거를 그것이 발생한 대지의 역사적 현재 속에서 찾지 않는 철학의 지양인가. 맑스는 후자를 헤겔 법철학에 귀속시킨다. 헤겔 법철학은 "현대 국가에 대한 추상적이고 과장된 사유이며, 현대

5. 철학의 실현과 자유의 실현

국가의 현실은 피안에 남아 있지만, 이러한 피안(Jenseits)은 오직 라인강 건너편(jenseits)" 즉 프랑스에 존재한다.[189]

그러나 철학의 실현은 다시금 "사변적" 논리를 따른다. 맑스에게 "독일 해방의 긍정적 가능성"은, 현존하는 사회적 정치적 실재에 대해 부정적 보편으로 관계하며 이를 통해 그것을 총체적으로 부정할 수 있는 사회적 계급(프롤레타리아트)의 형성에서 비롯한다. 그것은 "시민사회의 계급이 아니며 [⋯] 보편적 고통에 의해 보편적 성격을 얻게 되어, 어떠한 특수한 부당함이 아니라 부당함 자체가 그들에게 실행되기에 어떠한 특수한 권리도 요구하지 않는 [⋯] 급진적 사슬을 지닌 계급"이다. 이들은 "인간의 완전한 상실"이며, 이 때문에 이들은 오로지 "인간의 완전한 회복을 통해서만 자기 자신을 획득할 수 있다."[190] 이러한 맑스의 인상적인 레토릭은 그가 여기서 프롤레타리아트의 절대적 부정성으로부터 발생하는, 현실에 대한 절대적 부정을 추구하고 있다는 사실을 감출 수 있다. "인간을 인간의 최상의 본질로 설명하는"[191] 그러한 철학 — 의심의 여지없이 자신을 헤겔 철학의 실현이자 동시에 부정으로 이해했던 포이어바흐의 철학[192] — 은 여기서 해방의 "머리"로, 프롤레타리아트는 "심장"으로 기능한다. "모든 조건들이 충족되면, 갈리아의 수탉의 울음소리에 의해 독일의 부활일이 선포될 것이다."[193]

이러한 사변적 구성의 피안은 단지 라인강의 반대편에 놓여 있을 뿐 아니라, 또한 미래에 도래할 것이다. 혁명의 여명을 맞이할 갈리아의 수탉은, 황혼 무렵에 날갯짓을 시작하는 헤겔의 미네르바의 올빼미에 대한 의식적인 역(逆)이미지라 할 수 있다.[194] 헤겔에 대립하여, 맑스에게 미래의 차원은 그가 역사를 의식이 아닌 자유의 실현과 연결시키며 이때 실현되어야 할 것으로서 철학은 사회-정치적 실천을 지향한다는 점에서 새로운 의미를 얻는다.[195] 이 시점에서 맑스는 헤겔 이후 소외의 역사라는 관점에서의 『정신현상학』 독해에 기댄 역사 목적론적 관점을 따르고 있다. 소외의 역사에 대한 맑스의 이러한 지향점은 『경제학-철학 수고』(1844)에서 정점에 달한다. 이 책에서 그는 모제스 헤스에 기대어 『정신현상학』의 주제는 "인간의 자기 산출이며 [⋯] 탈대상화로서, 외화로서, 그리고 이러한 외화의 지양으로서의 대상화"[196]라고 말한다. 앞서 언급했듯이, 과정의 목적으로서 절대지는 맑스에게서 공산주의로 대체된다.

피에르-조세프 프루동(Pierr-Joseph Proudhon)의 『빈곤의 철학』에 대한 비판과 더불어 맑스는 자신의 관점을 바꾸고, 『정신현상학』에서 헤겔의 『논리학』으로 준거점을 다시 변경할 뿐만 아니라, 갈리아의 수탉에서 미네르바의 올빼미로 되돌아간다.[197] 프루동의 역사 과정에 대한 목적론적 구상에 맞서 맑스는 "눈앞에서 벌어지는 일에 대한 설명을 제시하며, 이를 위한 기관이 되어야 한다는" 과제를 제기한다. "이 순간부터 학문은 역사적 운동에 대한 의식적 증인이 된다. 그리고 학문은 교조적이기를 중단하였으며, 혁명적으로 되었다."[198] 법철학 서문에 등장하는 헤겔의 문구 "여기 로도스가 있다, 여기서 뛰어 보라(Hic Rhodus, hic saltus)"[199]는 다시금 맑스에게 중요해지는데, 왜냐하면 오로지 **실천적으로**, 사회적 현실 속에 이미 주어진 비판으로부터만 현존에 대한 **이론적 비판**이 자라날 수 있기 때문이다. 이 비판의 **원동력**은 존재해야 할 미래의 것이 아니라, 존재하는 것에 대한 인식이다.

이제부터 맑스에게는 이러한 요소가 중요한 것으로 남게 된다. 『독일 이데올로기』에서 그는 이렇게 말한다. "공산주의는 우리에게 생성되어야 할 상태, 즉 그것에 따라 현실이 나아가야 할 이상이 아니다. 우리는 공산주의를 현재의 상태를 지양하는 **현실적 운동**으로 부른다. 이 운동의 조건들은

5. 철학의 실현과 자유의 실현

현재 존재하는 전제로부터 등장한다."[200] 마찬가지로 맑스는 파리코뮌에 대한 그의 대응인 『프랑스 내전(Bürgerkrieg in Frankreich)』(1871)에서 이렇게 정식화한다. "노동자계급은 […] 인민의 결정을 통해 도입해야 하는 완성된 유토피아를 갖고 있지 않다. 노동자계급은 그 자신의 해방 그리고 이와 함께 현재의 사회가 그 자신의 경제적 발전을 통해 불가피하게 저해하는 더 고차적인 생활 형태를 만들어 내기 위해서는 기나긴 투쟁을, 역사적 과정 전체를 겪어 내야 하며, 이를 통해 인간은 물론 그들의 환경 역시 완전히 변혁될 것임을 알고 있다. 그들은 실현되어야 할 이상을 가지고 있지 않다. 그들은 오로지 이미 몰락해 가는 부르주아 사회의 모체 속에서 발전하고 있는 새로운 사회의 요소들을 해방시켜야 한다."[201] 노동자계급의 지배 하에서의 정치적 경제적 조치들에 관한 어느 네덜란드 사회주의자의 질문에 답하면서 맑스는 이러한 입장을 1881년 다시 한 번 강조했다. "그러한 질문은 […] 안개 속 나라에서나 제기되는 것이고, 실제로는 환영과 같은 문제일 뿐입니다. 여기에 대한 유일한 답은 질문 자체에 대한 비판이어야 합니다. 우리는 그것의 해법의 요소를 그 자신의 자료 속에 내포하고 있지 않은 방정식을 풀 수 없지요."[202]

6. 시민사회와 국가 (헤겔)

헤겔이 보기에, 가족과 국가 사이에 시민사회가 등장한다는 것은 현대
성의 본질에 속하는 것이었다. 이상화된 고대의 폴리스(Polis)로부터 비롯
하는 절대적 인륜성이라는 꿈은 이제 끝나 버렸다. 왜냐하면 시민(Bürger)
과 공민(Staatsbürger) — 즉 현대적 의미에서의 [정치적] 시민(Citoyen) —
사이의 통일성에서 기인하는 폴리스의 인륜성은, 시민(Bürger)이 동시에
또한 시민사회의 구성원인 부르주아(Bourgeois)이기도 하다는 점으로 인
해 무너졌기 때문이다.* 이것은 헤겔이 보기에 동시에 성과이자 문제점이

---

*   '성 안에 거주하는 자'라는 의미를 가졌던 '시민'은 근대 이후 '경제적 이익의 주체로서 부르
    주아(bourgeois)'와 '정치적 시민(citoyen)'이라는 두 의미로 분화된다. 반면 시민을 의미하
    는 독어 단어 뷔르거(Bürger)는 맥락상 '부르주아'를 의미할 수도, '시민'을 의미할 수도 있
    다. 그리하여 시민사회를 의미하는 bürgerliche Gesellschaft에도 혼란이 발생한다. 이 단어
    는 국가 외부의 자율적 시민들의 사회를 의미할 수도, 이 시민들이 경제적 이익을 추구하면
    서 교환과 착취가 발생하는 '부르주아 사회'를 의미할 수도 있다. 헤겔에게서 시민사회는 이
    기적 경쟁이 벌어지는 '경제사회'를 의미했지만, 헤겔은 이 단어를 부정적 의미로만 사용한
    것이 아니라, 그 안에서 '자율적 개인'으로서 시민의 자유가 존중된다는 긍정적 측면 역시
    발견하고자 했다. 맑스는 그가 '자본주의 사회'라는 단어를 쓰기 전까지 '시민사회'라는 개
    념을 주로 사용했는데, 이때는 주로 '부르주아 사회'라는 의미에서였으며, 비판적 뉘앙스가
    강하다. 맑스는『유대인 문제에 관하여』에서 citoyen으로서의 시민이 오로지 bourgeois로 귀
    결되는 것이 현대사회의 근본적인 모순이라는 점을 통렬하게 비판한다. 참고로, '정치적 시
    민'을 뜻하는 citoyen을 번역하기 위해 18, 19세기 독일 철학자들은 공민(Staatsburger)이라
    는 단어 역시 사용했다. 다만 이 용어는 '시민'을 '국가 외부의 자율적 개인'이라는 의미로 사
    용할 때는 적용하기 어렵다는 단점도 있다.

었다. 그것이 성과인 이유는 시민사회 영역이 개인이 자신의 인격적 자유를 실행할 수 있는 자유의 영역으로 고찰될 수 있기 때문이다. 그것은 헤겔이 지양된 도덕성으로 간주하는 추상적 자유의 영역이다. 물론 인격적 자유 면에서의 원칙적 성과에 대립하는 사실은, 시민사회가 이러한 자유를 모든 개인에게 보장할 수 없다는 것이다. 헤겔은 『법철학 강요』의 유명한 § 243에서 이를 묘사한다. "한편에서 […] 부의 축적이 증가하고, 다른 한편에서는 특수한 노동의 개별화와 제약 그리고 이와 함께 이러한 노동과 결부된 계급에서의 예속과 궁핍이 증가한다. 이는 시민사회의 진일보한 자유와 특히 정신적 이익들에 대한 감각과 향유의 무능력과 연결되어 있다."[203]

이미 1802/03년의 논문 「자연법의 학적 취급 방식에 관하여(Über die wissenschaftlichen Behandlungsarten des Naturrechts)」에서 헤겔은 이와 비교할 수 있는 관점을 표현한 바 있다. "소위 정치경제학의 체계"는, 즉 "학문으로서" 그것은 "신체적 욕구들, 그리고 이러한 욕구들을 위한 노동과 축적의 관점에서 보편적 상호 예속의 체계"를 내용으로 갖는다. 이러한 "실재의 체계"는 "완전히 부정성과 무한성 속에" 사로잡혀 있으며, "수량 그리고 점증하는 차이와 불평등의 형성"으로 귀결된다.[204]

'완전히 부정성에 사로잡혀 있다.' 이것이 의미하는 바는, 그것이 자기 자신 내에서 긍정적이지 않으며, "실재의 체계"로서 자기 자신으로부터 긍정으로 전환되지 않는 부정성이라는 것이다. 오히려 이 부정성은 인륜성의 "긍정적 총체성"에 대립한다. 이때 다뤄지는 것은 논리적-개념적으로 규정하기 어려운 구조인데, 왜냐하면 여기서 긍정과 부정의 대립은 한편으로 욕구의 체계, 즉 부르주아 경제, 다른 한편으로는 인륜성이라는 식으로 흡사 외면적인 것으로 되었기 때문이다. 그러나 인륜성은 일면적인 부정성의 지양이 아니다. 헤겔에게서 이로부터 다음과 같은 점이 도출된다. 경제라는 부정적 체계는 긍정적 총체성에 의해 "완전히 부정적으로 취급되고 그 지배에 종속되어야 한다. 그 본성상 부정적인 것은 부정적으로 머물러야 하며, 어떤 확고한 것이 되어서는 안 된다. 이 부정적 체계가 스스로 구성되고 독립적인 권력이 되는 것을 가로막기 위해, [⋯] 인륜적 전체는 이 체계를 그 내적 허무함의 느낌 속에 보존해야 한다."[205]

대립의 지양과 통일의 변증법은 여기서 마치 정지되어 있거나 단절되어 있는 것 같다. 결국 대립물의 관계는 이제 권력의 물음이다. 헤겔의 관점에 따르면 경제의 체계는 인륜적 공동체의 긍정적인 권력에 의해 제약되어야 하는데, 이는 그렇지 않을 경우 경제의 체계가 추측건대 공동체를 파괴할 그 부정적인 권력을 확장시킬 것이기 때문이다. 헤겔은 질문을 이렇게 제기한다. 어떠한 조건 하에서 인륜성 — 결국은 정치적 공동체 — 은 욕구의 체계, 즉 자본주의 경제를 이겨 낼 수 있는가. 헤겔에게서 이 질문은 답하기 어려운 것인데, 왜냐하면 그는 시민사회의 청산이 가능하다고도 바람직하다고도 생각하지 않았기 때문이다. 그것이 바람직하지 않은 이유는 시민사회가 구현하는 인격적 자유의 성과가 이성적 근거에 비추어 볼 때 포기되어서는 안 되는 것이기 때문이다. 게다가 여기에서 맑스는 헤겔을 뒤따르는데, 즉 그는 탈자본주의 사회에서의 경제 영역을 개인적 권리들과 결합시키고자 한다. 더군다나 시민사회의 청산은 헤겔이 보기에 가능하지 않은데, 왜냐하면 고대의 폴리스적 인륜성은 되돌릴 수 없는 낡은 것이기 때문이다. 적어도 헤겔이 — 바로 이러한 통찰을 근거로 — 그가 『인륜성의 체계(System der Sittlichkeit)』(1802/03)에서는 여전히 이상화된 폴리스적 인륜성에 기대어 대변했던, 절대적 인륜성 또는 절대적 민족이라는 관념과 결별했을 때, 이것은 그에게 분명해진다. 시민사회는 그 부정

6. 시민사회와 국가 (헤겔)

적인 고유한 동학을 가지고 있지만, 단순히 폐지될 수 없다. [헤겔에게서] 시민사회는 오로지 제한을 받고 그것의 결과를 완화시킬 수 있을 뿐이다.

헤겔이 이러한 맥락에서 국가에 역할을 부여하는 것은 자본주의 경제를 그 자신으로부터 지키기 위한 것이 아니라, 자본주의 경제로부터 공동체를 지키기 위함이다. 중요한 문제는 경제적 이익에 대항하는 정치적 공동체, 코이노니아 폴리티케(koinonia politiké)의 자기 보존이다. [헤겔이 제기하는] 과제는 이보다 더 구체적으로 표현될 수 없다. 헤겔에게 [국가의] 목표 또한 분명한 것이었다. 국가는 자유의 제도화 이외에 다른 어떠한 과제도 갖지 않으며, 그런 한에서 목표는 시장의 자유화가 아니라 공민(Staatsbürger)의 자유다.

헤겔은 자본주의 경제에 대한 **사회적** 대안을 보지 못했다. 그러나 강조되어야 할 것은, 그는 경제적으로 완전히 저발전된 독일의 관계들 속에서 국제적인 발전들 그리고 특히 영국의 관계들을 매우 정확히 인지하고 있었고, 그 안에서 그의 동시대인들은 물론 후대인들도 거의 알아내지 못한 근본적인 문제들을 인식했다는 점이다. 자본주의 경제가 반(半)국가적인 기관들과 국가기관들 — 조합, 신분, 복지행정 — 에 의해 제한되어야 한다는 그의 제안은 반(半)봉건적 질서를 안정화하려는 시대착오적인 시도가 아니라, 대안이 없어 보이는 시민사회의 고유한 역동성에 처음부터 한계를 설정하고 정치적 공동체의 자율성을 주장하려는 시도였다.

칼 맑스는 시민사회와 국가의 관계를 다르게 조망한다. 그는 시민사회와 국가의 분리를 부인하지는 않는다. 그러나 그는 국가를 통해 시민사회를 지배할 수 있는 가능성을 더 이상 보지 못했다. 이와 함께 **정치적** 해방과 **사회적** 해방은 서로 분리된다. 정치적 해방은 그것이 사회적 해방을 포함할 때에만 실행 가능하며 그 역도 마찬가지다. 청년 맑스의 전체 사유는 이러한 관계를 중심으로 진행된다. 1843년 아르놀트 루게에게 쓴 편지에서 그가 진술하듯, 국가는 더 이상 오로지 자기 자신의 토대 위에서, 즉 정치적으로 개혁될 수 없다. 왜냐하면 "이익과 상업의, 소유와 인간 착취의 체계는 […] 낡은 체계가 치유할 수 없는 현재 사회 내에서의 파열로 이어지기" 때문이다.[206]

여기서도 중요한 물음은 자유다. 1844년 맑스는 브루노 바우어에 대한 그의 비판을 다룬 저작 『유대인 문제에 관하여』에서 국가란 "인간과 인간의 자유 사이의 매개자"[207]라고 서술한다. 이것이 의미하는 바는 ─ 그리고 맑스는 계속해서 다음과 같이 말한다 ─ 국가는 종교에 비유될 수 있는 소외된 유적 본질(Gattungswesen)이라는 것이다. 정치적으로 해방된 국가, 즉 민주주의 입헌국가는 정치적 법적으로 예컨대 인간의 평등[동등성]을 전제하며 시민사회에서의 차이들을 추상한다. "완성된 정치적 국가는 그 본질상 인간의 물질적 삶에 대립하는 인간의 유적 삶이다. 이러한 이기적인 삶의 모든 전제들은 시민사회에서 국가 영역의 외부에, 그러나 시민사회의 고유한 속성으로 남게 된다."[208] 맑스는 헤겔의 진단을 급진화한다. 그가 보기에 문제는 무엇보다도 정치적 공동체에서의 자유와 시민사회에서의 자유가 각각 두 가지 방식으로 측정된다는 데에 있다. 완성된 정치적 자유조차도 경제적이고 사회적인 예속을 지양하지 않는다. 이 때문에 이러한 예속은 정치적 자유를 위협하기도 한다. 왜냐하면 (거의 반박할 수 없는) 맑스의 진단이 말해 주듯, 시민사회의 고유한 동학, 즉 헤겔이 인식한 그 부정성을 오로지 정치적으로만 제한하는 것은 거의 어렵거나 더 이상 불가하기 때문이다. 이를 위해서는 사회적인 압력 그리고 장기적으로는 시민사회[부르주아 사회]의 극복이 필요하다.

헷갈려서는 안 된다. 이 물음에 대한 맑스의 입장은 ─ 그가 의식했는지

6. 시민사회와 국가 (헤겔)

아닌지 상관없이 — 직접적으로 헤겔을 계승하고 있다. 헤겔은 시민사회와 국가를 개념적으로 일관되게 분리했을 뿐만 아니라, 그 관계를 권력관계로 해독하였다. 그러나 헤겔과 달리 맑스는 시민사회를 극복하고자 하는 사회적인 힘이 작동하고 있음을 간파했다. 물론 그는 1843/44년에는 그가 이후에 정치경제학 비판의 연구들 속에서 그리고 그의 노동자 조직에서의 활동 속에서 시도했던 이러한 사회적 힘의 추동력과 역동성을 규정하지 못했다. 그럼에도 맑스는 이후에도 이러한 질문의 위치를 변경하지 않았다. 여전히 물어야 할 것은 어떻게 인간의 해방이 자유의 이름으로 실현될 수 있을까 하는 것이었다. 자유에 관한 사유는, 비록 그들이 그 실현의 조건을 다르게 고찰했음에도, 헤겔과 맑스를 연결해 준다.

헤겔의 시민사회론은 정신철학, 더 정확히 말하자면 객관정신에 관한 철학의 일부다. 이것은 잘 알려져 있지만, 우리의 주제에 비춰볼 때 결코 사소하지 않은 사실이다. 헤겔의 "국가 신앙", 유한한 주체들에 대한 그의 무지 등에 관한 여러 망상들이 무엇이든지 간에, 헤겔에게서 객관정신의 출발점은 — 1830년의 『철학 강요(Enzyklopädie)』에 따르면 — 자유로운 정신, 즉 "이론적 정신과 실천적 정신의 통일, 대자적으로 자유로운 의지인 자유의지"로서의 "현실적 자유의지"다.[209] 이러한 자유로운 정신은 주관정신의 최종 단계이며 따라서 인간 개인이 객관정신의 "담지자"가 된다는 것을 지칭한다. 자유로운 정신은, 그것이 이론적이며 동시에 실천적이므로, 작동한다(wirkend)는 의미에서 현실적(wirklich)*이며, 즉 활동적이다. 자유로운 정신의 활동성은 어디에서 기인하는가? 헤겔에 따르면, 자유로운 의지는 "그 자체로(an sich) 이념", 즉 절대이념이다. 『논리학』에 따르면 절

---

* 현실을 뜻하는 Wirklichkeit나 그 형용사 wirklich는 작동하다는 뜻의 동사 wirken에서 파생되었다. 헤겔은 이 점을 강조하면서, '현실(성)' 개념을 경험적 실재(Realität)와 구분하여, 이념이 작동 중인 과정 또는 이념이 실현되는 상태로 해석한다.

대이념은 다름 아닌 절대적 방법으로서 이론적 이념과 실천적 이념의 통일이다. 그것은 자유의 개념으로서 완성된 개념이다. 헤겔은 이렇게 말한다. 이러한 이념은 "의지 안에서만 현상한다. 그 의지는 유한하지만 그러나 이념을 발전시키는, 즉 자기 전개하는 이념의 내용을 현존재로, 즉 이념의 **현실성(Wirklichkeit)**이라는 현존재로 정립하는 **활동성**이다. 즉, 그것은 객관정신이다."[210]

이것이 진술하는 바는 다름 아니라, 객관정신이 사회적이고 정치적인 수준 위에서 자유의 발전과 실현이라는 점이다. 여기서 시민사회가 단순한 부정성이라는 그 취약한 상태에도 불구하고 객관정신의 통합적인 구성부분이라면, 헤겔이 보기에 시민사회는 포괄적인 자유 개념의 관점에서 평가되어야 하는 것이었다. '포괄적'이라 함은 다음을 의미한다. 시민사회는, 현실(Realität)이 그것의 실현 가능성을 포함해 자유의 개념에 얼마나 부합하는가에 따라, 그리고 자유가 현대에서 보편적으로 모든 사람들에게 동등하게 귀속되어야 한다는 점에 비추어 평가되어야 한다.

이를 위한 정당화는 첫눈에 안 좋은 의미에서 완전히 '관념론적'인 것처럼 보인다. 그렇지 않다면 객관정신이 자유의지의 활동에서 비롯한다는 가정은 어떻게 이해될 수 있을 것인가? 적어도 우리는 맑스 이래로 의지란 무기력하며 인간은 그들의 의지와 무관하게 객관적 조건에 의해 사회적인 관계들에 편입된다는 것을 알고 있지 않은가? 그러나 이러한 반론은 성급한 것이다. 헤겔 역시 인간의 의지는 허공에 떠 있는 게 아니라는 사실을 알고 있었다.[211] 그렇지 않았다면 존재하는 것은 오직 자유뿐이었을 것이며 해방과 자유의식의 역사는 존재하지 않았을 것이다.

헤겔의 『미학 강의』에 나오는 한 구절은 이를 잘 보여 준다. "한편에서 우리는 인간이 천박한 현실과 세속적인 시간성에 사로잡혀 있는 것을, 욕구와 궁핍의 강요를 받는 것을, 자연의 위협에 시달리는 것을, 물질, 감각적 목적과 그것의 향유에 연루되는 것을, 자연적 충동과 정열에 지배되어 마음이 찢기는 것을 본다. 다른 한편에서, 정신이 자연으로부터 경험하는 곤란과 폭력을 자연에 되갚아, 오로지 자연의 무권리와 학대 속에서 자신의 권리와 존엄을 고수함으로써, 인간은 영원한 이념으로, 사유와 자유의 왕국으로 고양되어, 의지로서 보편적 법칙과 규정들로 거듭나며, 세계를 그 사랑받는, 만개한 현실이라는 외투에서 벗겨내어 추상으로 해소해 버린다. 그러나 이제 이러한 삶과 의식의 분열과 함께, 그러한 모순을 해소하라는 요구가 현대의 교양과 그 지성에게 제기된다."[212]

이러한 모순의 해소는 오직 양 측면들이 서로 매개될 때, 즉 자유의지로서의 정신이 자연, 충동 그리고 정열로부터 동떨어지지 않은 것으로 사유될 때 성공할 수 있다. 실제로 자유의지는 이러한 인간의 자연 규정성 (Naturbestimmtheit)으로부터[인간이 자연에 의해 규정된다는 사실로부터] 발생한다. 충동, 성향 그리고 정열은 하나의 의지를 추동하지만, 이는 특수한 의지이며 규정된 것, 특수한 것을 지향한다. "정열은 그 규정상 의지 규정의 **특수함**으로 제한된다는 것을 포함한다."[213] 충동과 정열을 추구하는 와중에, 욕구의 충족을 위한 활동 속에서 직접적인 욕구 충족의 욕망이 저해될 때, 의지와 충동의 차이가 드러난다. 헤겔은 이를 충동의 직접성과 구분하여 "반성하는 의지"[214]라고 부른다. 직접성에서 벗어나는 이러한 활동의 형태가 노동이다. 노동은 억제된 욕망이지만, 그러나 여전히 항상 욕망이다. 반성은 바로 충동과 정열로부터 자라나며, 충동과 정열은 이러한 의미에서 자유의지의 발생에 구성적이다.

헤겔은 그가 결코 충동이나 열정을 — 달리 말하자면: 물질적 욕구와 이해를 — 추상적으로 부정하지 않는다는 점을 강조한다. 모든 행위는 그러한 이해를 가진 (유한한) 주체들에 의해 수행되므로, 이는 불가능한 것이었다. 첨언하자면, 이것은 최상의 활동 형태 또는 정신적 노동, 즉 정신에 의한 정신의 파악이라는 철학의 실행에까지 적용된다. 헤겔은 하나의 행위가 행위인 이유는 하나의 주체가 그 안에서 자신의 이해를 가지고 활동한다는 이유에서라고 간결하게 주장한다. 여기서 헤겔은 이중적인 구분을 짓는다. "사람들은 충동과 열정에, 한편으로는 자연의 행복이라는 케케묵은 꿈을 대조시킨다. 이 행복을 통해서 욕구는 주체의 활동 없이도 […] 만족될 수 있다는 것이다. 다른 한편으로는 순전히 의무를 위한 의무, 즉 도덕성이 충동과 열정에 대립한다. 그러나 충동과 열정은 주체 자신이 그에 따라 자신의 목적을 추구하는 주체의 살아있음(Lebendigkeit)에 다름 아니다."[215]

이에 따르면 반성하는 의지는 우선적으로는 이해와 열정을 뛰어넘는 것이 아니라, 단어의 원래 의미 그대로, 즉 행위의 선택지들 사이에서, 다시 말해 여러 행위의 목적들이 전제하는 다양한 성향들 사이에서 자유로운 의지를 통한 선택이라는 의미에서 자의적(willkür)이다. 여기에서 주체는 우선적으로 특수한 내용과 연결돼 있다. 그러나 행복론(Eudaimonismus)*에서 보듯, 반성이 특수한 내용과 관계된 보편적인 선을 확립하는 것으로 이어지는 한에서, 주체는 충동과 성향에 의한 규정성에서 벗어나, ― 비록 추상적이지만 ― "의지의 자기 자신에 대한 **보편적인** 규정성, 즉 의지의 자기규정 자체, **자유**"[216]를 실현한다. 칸트가 비판한 행복론은 헤겔이 보기에는 반성된 도덕성과 자유로운 자기규정의 첫 단계였다. 그리고 바로 이것이 자유로운 정신, 즉 그 스스로 자유의지로서 존재하는 자유의지를 향한 이

---

* 여기서 행복론이란 좁은 의미로는 행복(eudainomia)을 모든 활동의 최고의 목적이자 선으로 규정한 아리스토텔레스의 목적론적 윤리설을 지칭하며, 넓은 의미로는 도덕적 선과 행복, 쾌락을 결합시키는 결과론적, 목적론적 윤리설 전반을 일컫는 것으로 해석될 수 있다.

행이다.

이러한 견해가 갖는 포괄적인 윤리학적 함축들, 특히 헤겔의 칸트 비판에 관해서는 여기서는 더 자세히 다루지 않겠다. 강조되어야 할 것은 헤겔의 자율성 개념이 물질적 욕구, 이해와 매개되어 있다는 사실이다. 시민사회는 욕구의 충족을 조직하는 특수한 조직 형태를 확립한다. 이러한 사실, 즉 여기서 하나의 **특수한** 조직 형태가 다뤄진다는 사실이 강조되어야 하는데, 왜냐하면 시민사회와 국가의 분리는 현대성의 산물이자 특징이며 예컨대 고대의 폴리스에서는 존재하지 않았기 때문이다.

헤겔의 시민사회에 대한 입장에 관해서 이로부터 무엇이 도출되는가? 어째서 헤겔은 시민사회를 부정적으로 다뤄야 할 부정적인 것으로 보는가? 이미 헤겔은 『예나 시기 체계 기획』(1803/04)에서 이렇게 밝히고 있다. "욕구와 노동은 […] 그 스스로 어느 위대한 민족 속에서 거대한 공동체성과 상호의존의 체계를 형성하였다. 그것은 자기 내에서 운동하는 죽은 자의 생명이요, 자신의 운동 속에서 맹목적으로 그리고 원시적으로 여기저기서 운동하며 맹수로서 끊임없는 엄격한 지배와 조련을 필요로 한다."[217] 이것은 맑스에 의해 다시 발견되는 특징들이기도 하다. 즉, 시민사회는 모순적인 체계("죽음 자의 생명")이며, 자연발생적인 체계("맹목적으로 그리고 원시적으로")이기도 하다. 그것이 "맹수로 다뤄지는" 것이 중요하다는 지적은, 그것이 아마도 정치적 공동체로부터 분리되어 버렸다는 것을 의미할 수 있다. 아리스토텔레스의 『정치학(Politeia)』에는 이런 구절이 있다. "그러나 공동체 안에 살 수 없거나 자신의 자족성 속에서 공동체를 필요로 하지 않는 사람은 국가의 일부가 아니라 맹수이거나 신이다."[218] 시민사회의 모순과 취약성은 바로 "공동체성의 체계"가 의식된, 즉 헤겔의 관점에서는 정치적인 사회화로부터 분리되어 버렸다는 데에서 비롯한다. 우리는 이러한 특징을 또한 사적 생산자들의 사회적 생산이라는 맑스의 정식 속에서 재발견하게 될 것이다.

다시 한 번, 헤겔이 시민사회 그리고 특별히 자본주의 경제 —"욕구의 체계"— 를 비판하는 것은 여기에 인간의 성향, 열정 그리고 주관적인 물질적 이해가 가족과 국가 사이에 놓인 인륜성의 한가운데 등장하기 때문이 아니다. 우리가 이미 고찰했듯이, 헤겔이 보기에는 모든 행위는 그런 내용[물질적 욕구, 충동 등]을 포함하고 있으며, 이는 좋은 삶, 탁월한 삶에 대한 주관성의 권리 영역에도 해당한다. 이러한 관점에서 이성적인 보편성, 내적으로 구체적인 보편성으로서의 정치적 공동체는 주체들의 삶의 계획과 소통하고, 이를 인정하며, 그것이 보편성을 파괴하지 않는 한에서 그것의 실현을 가능케 해주어야 한다. 그렇다면 시민적[부르주아적] 경제, 또는, 뭐라고 부르건 간에, 자본주의에서 도대체 무엇이 나쁜 것인가?

헤겔이 시민사회의 작동 방식, 그 내적 운동법칙을 분석하지 않았다는 것은 의심의 여지가 없다. 그는 시민적 "국가-경제학"에 의존한다. "이것은 새로운 시대에 그 토대로 나타난 학문들 중 하나다. 그것의 발전은 흥미로운 점을 보여 준다. 즉, 여기서 사유는 (스미스, 세이, 리카도를 보라) 앞에 놓인 무한한 개별적 사실들로부터 사태의 단순한 원칙들을, 그것에 작용하며 그것을 통치하는 지성을 발견해 내는 것이다."[219] 헤겔에게는 시민적[부르주아적] 경제의 운동법칙에 대한 폭넓은 통찰이 아니라, 이러한 운동의 귀결들에 대한 — 명백히 거리를 두고 날카롭게 관찰한 — 인식이 중요했던 것이다. 헤겔에게서 이러한 귀결들은 "천민(Pöbel)" 개념 속에서 분명히 드러난다. 최근에 프랑크 루다(Frank Ruda)는 그의 주목할 만한 그리고 읽어볼 만한 저작에서 이 개념을 분석했다.[220]

헤겔에게서 천민은 시민사회가 "자기 자신을 넘어서게" 만들 모순적인 동학 ― 그는 분명하게 시민사회의 "변증법"에 대해 말한다 ― 의 필연적 귀결이다.[221] 부자와 빈민으로의 사회 양극화는 이 변증법의 현상 방식이다. 천민은 점점 증가하는 인구의 일부가 사회적으로 필수적인 생계 수준 이하로 내려앉을 때, 즉 물질적으로 궁핍해질 때, 그러나 이와 함께 동시에 "법, 적법성 그리고 자신의 활동과 노동을 통해 생존한다는 명예의 감정"의 상실이 빈곤층 사이에 등장할 때 나타난다.[222] 여기에서 물질적 존재는 직접적으로 의식에 대한 결과를 갖는다. 그것은 천민의 마음가짐 (Gesinnung)이다. 헤겔에게 이러한 신념의 요소는 결정적이다. 왜냐하면 그것은 시민사회의 원칙 ― 노동을 통한 생존의 매개 ― 도, 법적 의식과 이를 통한 정치적 공동체의 토대도 흔들어 놓기 때문이다. 물론 알려져 있듯이 헤겔은 『법철학』 §127에서 위급권(Notrecht)을 인정하는데, 왜냐하면 『법철학 강요』 §123의 '추가(Zusatz)' 텍스트에서 말하듯, "누군가가 살아 있다는 사실에는 어떠한 경멸적인 것도 없으며, 그에게는 그가 존재할 수 있게 해주는 영성(Geistigkeit)보다 더 높은 영성이 대립하지 않기" 때문이다. 그러나 헤겔이 분명히 인식했듯이, 위급권은 사회적 문제를 해결해 주지 못한다. 공적 제도들을 통한 ― 결국은 "상층 계급"[223]의 직접적인 부담으로 재정이 마련되는 ― 빈민들의 부양책 역시 헤겔에게는 해답이 될 수 없는데, 왜냐하면 그럴 경우 더 이상 생존이 노동으로부터 매개되지 않기 때문이다. 이러한 논의를 통해 헤겔이 최근 논의되는 모두를 위한 조건 없는 기본소득에 대한 요구를 거부했으리라는 점에 대해서는 의심의 여지가 없다.

흥미롭게도 헤겔은 국가에 의한 고용 창출 정책 역시 거부했는데, 이것은 1848년 프랑스의 국립 작업장(Nationalateliers)*에서 처음으로 실현된

---

* 불어로는 아틀리에 나시오노(Ateliers Nationaux)라고 한다. 1848년 2월 혁명 직후 수립된 프랑스의 제2공화국이 시행한 실업 구제 정책. 실업자들을 모아 공공 일자리를 주는 위원

생각이었으며, 그것의 폐지는 6월 봉기로 이어진 바 있다. 물론 맑스 역시 이후에 악의 근원, 즉 임금노동 체제를 손대지 않는 이러한 생각을 거부하기도 했다.[224] 헤겔은 그러한 고용 창출 속에서 마찬가지로 문제의 해결이 아닌 현존하는 악의 영속화만을 보았다. 그것은 "생산의 양을 늘리겠지만, 악은 다름 아닌 생산의 과잉과 그에 비례하는 생산적인 소비자의 부족, 바로 여기에서 비롯하는 것이다."[225] 헤겔이 암시하듯이, 악의 원인은 시민사회 자체다. 시민사회는 "부의 과잉에도 […] 충분히 풍요롭지 않다. 즉, 빈곤의 과잉과 천민의 발생을 통제할 만큼 고유한 자산을 충분히 소유하지 못하고 있다."[226]

헤겔은 놀라우리만큼 예리한 진단을 제시하지만, 그러나 그는 어떠한 현실적 치료법도 제공하지 못했다. 영국에 대한 시선은 그에게 "빈민들을 그들 자신의 운명에 내맡기고 그들을 공공연한 구걸로 내모는" 것을 "입증"했음을 보여 줄 뿐이었다.[227] 세계무역과 식민지화[228]는 — 맑스라면 이렇게 말할 텐데 — 모순의 "작동 영역"를 확장해 주는 수단이다. 세계시장의 발전이 판매 시장을 창출하기만 하는 것이 아니라, 자본주의 생산양식을 보편화하기도 한다는 것을 헤겔은 아마도 보지 못했던 것 같다. 자본주의 생산양식에 내재적인, 모든 국민적 제약들을 뛰어넘는 부르주아 경제의 무절제한 확장은 자기 자신에 대한 어떠한 치료제도 지속적으로 제시할 수 없으며, 이를 헤겔은 간과하였다. 그럼에도 헤겔이 이러한 [역사적] 과정의 초기에 그것의 부정적 귀결을 그렇게 분명히 직시했다는 것은 대단한 업적이긴 하다.

회 역할을 담당했다. 그러나 이 사업이 재정적인 부담이 된 데다, 노동자들의 정치세력화에 불안을 느낀 부르주아 공화파 세력에 의해 그해 6월 해산된다. 이에 반발한 노동자들의 봉기가 일어나고, 그것이 이 1848년의 혁명을 반(反)봉건 혁명에서 부르주아와 프롤레타리아 사이의 '계급 간' 내전으로 전화시킨 이른바 '6월 봉기'의 도화선이 된다.

『법철학 강요』의 인쇄된 텍스트보다도 많은 면에서 명확한, 지금까지 출간된 강의 필기록들을 신뢰할 수 있다면, 헤겔은 이러한 귀결을 점점 더 비판적으로 묘사한다. 그리스하임(Griesheim)에 따르면, 1824/25년의 강의에서 헤겔은 빈곤의 귀결을 극적인 방식으로 묘사했다. "빈곤은 사회의 모든 이점들을 상실하게 만든다. 빈민은 그의 자녀들에게 어떠한 숙달된 능력도, 어떠한 지식도 배우게 할 수 없다. [⋯] 빈민은 법적 보호(Rechtspflege)를 쉽게 상실할 것이며, 어떠한 법도 비용 없이 얻어지지 않는다. [⋯] 빈민은 그의 건강 역시 보살필 수 없다. [⋯] 심지어 빈민은 종교의 위안도 상실하게 되는데, 누더기를 입고서는 교회도 갈 수 없는 것이다. [⋯] 성직자들도 결국은 망자에게 위안을 주기 위해 빈민들의 오두막보다는 부자들의 집에 가길 더 좋아한다."[229]

처음에 헤겔은 빈곤과 그 결과를 자유가 치러야 할 비용으로 규정하려는 경향을 보였다. "우연과 개인의 자유 속에는 자의의 계기가 존재하므로, 국가는 불평등의 계기를 존경해야 한다. 물론 그로부터 나타나는 귀결들이 해로울 경우, 보편자는 이를 막기 위해 노력해야 한다."[230] 『법철학』§ 243에서 드러나듯, 이러한 귀결들이 해악적인 것은 노동하는 계급의 예속이 시민사회의 자유로부터 배제된다는 데에서 드러난다. 이뿐 아니다. 무엇보다 천민은 다음의 이유에서 그의 권리들로부터 배제된다. 1821/22년의 강의 필기록에 따르면, "시민사회에서는 누구든 자신의 노동으로 생존한다는 요구를 갖는다. 그가 자신의 활동을 통해 이러한 권리를 얻지 못하면, 그는 권리 상실의 상태에 처하게 되며, 그는 자신의 권리에 도달하지 못하고, 이는 내적 분노를 야기하는 감정이 된다. 그러면 인간은 스스로 권리를 상실하게 되어 자신이 의무로부터도 면제되어 있다고 간주한다. 이것이 천민이다."[231] 요약하자면, 천민은 부분적으로는 사실적인, 부분적으로는 신념에 따른 법적 상태의 해체, 그리고 이와 함께 자유가 가능한 유일한 심급의 해체를 뜻한다.

헤겔은 법의 손상의 경험에 의한 법적 상태의 해체를 "파렴치함"이자 "구제불능"으로 간주하며, 이에 대해 어떠한 의심도 남기지 않는다.[232] 천민은 노동을 통해 생존하지 못한다는 고통을 겪음에 따라 법 훼손을 경험하는데, 그러나 이러한 법 훼손의 원인은 시민사회 자체의 동학에 놓여 있다. 시민사회의 동학은 법적 의식 그리고 이와 함께 법치국가의 기반을 파괴한다. 이뿐만이 아니다. 헤겔에 따르면 "천민의 발생은 동시에 더 커다란 경박함, 즉 엄청난 부를 소수의 손에 집중시키는 것을 동반한다."[233]

그러나 타인의 권리를 무시하고 동시에 자신의 권리를 고집하는 천민이 본질적으로 자신의 노동을 통해 생존하지 못하는 데에서 비롯한다면, 방향을 명확히 해야 할 필요가 있다. 자신의 노동에서 비롯하지 않는 부 역시 마찬가지로 천민을 생산한다. 그것은 부유한 천민이다.

프랑크 루다는 앞서 언급된 그의 책에서 헤겔의 "부유한 천민"이라는 범주를 최초로 그리고 포괄적으로 논하였다. 우리는 1821/22년의 강의 필기록에서 이 범주를 발견할 수 있다. "부유한 천민 역시 존재한다. 부는 권력이며 이러한 부의 권력은 그것이 법 위에 있는 권력이라는 사실을 쉽게 깨닫기 때문에, 부유한 자는 다른 사람이라면 화를 입혔을 많은 것으로부터 벗어날 수 있다. […] 부는 다수의 생존이 자신의 손아귀에 있음을, 그리고 자신이 그들의 궁핍의 주인이며 또한 그들의 다양한 권리들의 주인이라는 것을 알게 된다. 부자가 자신에게는 무엇이든 허락된다고 간주한다는 점에서, 그렇다면 이를 또한 타락이라고 불러도 좋을 것이다."[234] 헤겔을 문자 그대로 수용해 보자면, 우리는 오늘날 부유한 천민이 경제적 권력을 수중에 쥐고 있을 뿐만 아니라, 전폭적으로 정치적 공동체를 장악했다는 테제를 거부하기가 거의 불가능하다. 이를 통해 헤겔이 이미 『인륜성의 체계』에서 경고했던 것이 등장할 수 있다. 이 글에 따르면, 시민사회의 요소인 "소유(Besitz)"를 [국가의] 통치와 뒤섞어 버리면 안 된다.[235] 『법철학 강요』에서도 헤겔은 이러한 의미에서, 어떤 경우에도 국가가 "시민사회와 혼동"되어서는 안 된다고 쓴다.[236]

빈곤한 천민과 부유한 천민 사이의 양극화와 함께, 사회의 법적인 근본합의는 파괴된다. 헤겔에 따르면, 빈곤한 천민의 "분노"는 그 귀결이다. 그러나 인간적 법률로서의 법이 물러나는 곳에서, 낡은 지하의 복수의 여신이 등장한다. 헤겔이 『정신현상학』에 썼듯이, 개별자가 "순전히 사물로" 취급받을 때, 그는 "지하의 힘이며, 그의 에리니에스*는 복수를 촉구한다."[237] 이는 공동체의 몰락을 보여 준다. 그러나 에리니에스는 순전히 부정적이다. 그들은 자신들이 반대하는 것과 같아진다. 단순한 분노의 왜곡된 민낯은 지배적인 폭력의 그것과 구분되지 않는다. 법을 무시하는 복수 속에는 어떠한 규정적 부정도 존재하지 않는다. 그 안에서 개별자는 단 한 가지를 원한다. 즉, 그는 더 이상 낯선 권력의 사물이자 놀잇감이 아니라, 그 자신이 행위자이고자 하며, 자신의 자유를 느끼고자 한다. 단순한 분노는 그것이 분노하는 부정의(Unrecht) 앞에서 무기력할 뿐이다. 그것은 이 부정의를 철폐하려는 목표를 지닐 때 비로소 사회적인 권력이 될 것이다.

빈곤한 천민과 부유한 천민의 대립과 더불어, 권력관계가 출현한다. 그것은 이제 부정의를 오로지 법적으로 저지할 수 있다는 것에 대해 회의하도록 만든다. 이것이 맑스의 근본적인 통찰이었다. 사회적 해방을 중심점

---

* 그리스신화에서 에리니에스는 지하 세계에 사는 '복수의 여신들'을 의미하며, 구체적으로는 티시포네, 알렉토, 메가이라라는 세 자매를 뜻한다. 이들은 인간의 여러 죄에 벌을 내리며, 특히 근친 살해를 엄하게 벌한다. 아가멤논의 아들 오레스테스가 아버지를 살해한 어머니 클리타임네스트라를 죽이자, 이들 복수의 여신이 나타나 오레스테스를 벌을 내렸다는 일화가 있다.

에 놓음으로써, 그는 동시에 그가 "자유로운 인간들의 연합"이라고 부른 공동체의 질서에 관한 질문을 제기한다. 이미 이러한 정식화에서 나타나듯, 그는 자신의 기획을 자유의 실현으로, 게다가 전적으로 인격적인 자유의 실현으로 이해했다.

6. 시민사회와 국가 (헤겔)

7. 필연의 왕국과 자유의 왕국 (맑스)

엥겔스와 공동으로 집필한 저작 『신성가족』(1845)에서 이미 맑스는 부르주아지와 프롤레타리아트의 대립이 갖는 특징을 묘사하기 위해 헤겔 『법철학』을 참고했다. "소유 계급과 프롤레타리아트 계급은 동일한 인간의 자기소외를 표현한다. 그러나 첫째 계급은 이러한 자기소외 속에서 만족스러워 하고 인정받는다고 느끼며, 소외를 자기 자신의 힘으로 이해하고, 그 안에서 인간 실존의 가상을 소유한다. 둘째 계급은 소외 속에서 자신이 절멸된다고 느끼고, 그 안에서 자신의 무기력과 비인간적 실존의 현실을 깨닫는다. 헤겔의 표현을 사용하자면, 이 계급은 버림받음 속에서 이 버림받음에 대한 **분노**, 즉 그들의 인간 본성과, 이러한 본성에 대한 노골적인, 결정적인, 광범한 부정인 그들의 생활환경 사이의 모순을 통해 필연적으로 추동되는 하나의 분노다."[238] 이 구절은 에두아르트 간스의 우애협회 판에 첨부된 『법철학 강요』 244절의 추가 설명과 관련이 있다. 그에 따르면, "빈곤은 그 자체로는 천민을 만들지 않는다. 천민은 빈곤과 결합된 마음가짐(Gesinnung)에 의해, 부자들, 사회, 정부 등에 대한 내적 분노에 의해 비로소 규정된다. […] 어떠한 인간도 자연에 반하여 권리를 주장할 수는 없지만, 사회 상태에서는 궁핍은 곧바로 이 계급 또는 저 계급에 가해지는 부정의의 형태를 얻게 된다."[239]

시민사회와 국가의 관계가 다뤄지는 곳에서 맑스는 헤겔을 뛰어넘는다. 이와 관련해 그는 이미 1843년에 헤겔의 『법철학 강요』에 대한 자신의 논평을 작성하였다. 그는 『법철학』 261절에서 시작하는데, 그에 따르면 "국가는 사법(私法)과 사적 만족의 영역, 가족과 시민사회의 영역에 반(反)하여 [⋯] 한편으로 외적 필연성이자 그들보다 더 고차적인 권력이며", 그럼에도 다른 한편으로 "그 영역들의 **내재적 목적**"이고 "그것의 보편적인 최종 목적과 개인의 특수한 이해관계의 통일 속에서 자신의 강력함을" 갖는다. 자신의 논평에서 맑스는 [국가의] 외재성과 관련하여 중요한 것은 "이 영역들 자체의 **본질적인 관계**"라는 것을 분명히 한다.[240] 여기서 맑스는 "**한편으로 외적인 필연성, 다른 한편으로 내재적인 목적**"이라는 "하나의 해결될 수 없는 **이율배반**"을 발견한다.[241] 이를 통해 맑스는 헤겔에게서 시민사회가 실제로 단지 외적으로만 한계가 가해지는, 단순한 부정성의 지위를 가질 뿐, 국가가 대변하는 긍정적인 인륜적 공동체로 지양될 수 없다는 점을 상기시킨다. 맑스에 따르면, 여기서 중요한 것은 현실적으로 매개되지 않는 대립 관계다. "현실적인 극단들은 서로 매개될 수 없다. 왜냐하면 그들은 현실적인 극단들이기 때문이다. [⋯] 하나는 다른 것의 갈망, 욕구, 기대를 자신의 모체 속에 갖는다."[242]

헤겔에게서는 [이러한 시민사회와 국가의] 연관성이 자유를 통해 구성된다. 헤겔에 따르면 시민사회 영역은 특수성의 영역이며 따라서 인격적 자유의 영역이다. 시민사회 영역 안에 포함되어 있으며 특수성의 틀을 뛰어넘는 보편적인 것은 자유의 **추상적** 보편성, 즉 소유의 권리다.[243] 오직 이 때문에 시민사회는 그것의 동학이 개인 — 빈곤한 천민이든 부유한 천민이든 — 의 법적 의식의 토대를 무너뜨릴 때, 스스로 국가에 통합될 수 있다. 맑스가 보여 주는 것은 이러한 법적 측면의 가상은 오직 그 형태상으로만 주어질 뿐이라는 사실이다. 반면 시민사회 자체의 토대는 처음부터 이러한 법적 측면을 부정한다.

여기서 중요해지는 것은 유통 영역과 생산 영역의 구분이다. 유통 영역에서는 "자유, 평등 그리고 '노동' 위에 세워지는 소유의 왕국"[244]이 지배한다는 사실이 중요하다. 이를 위한 조건들을 맑스는 그의 잉여가치 분석에서 제시한다. 잘 알려져 있듯이, 맑스에 따르면 잉여가치는 자본과 임금노동의 교환에서 발생하지만, 이는 노동자가 그의 노동에 대해 알맞지 않은 만큼을 지불받기 때문이 아니다. 잉여가치가 발생하는 것은 오히려, 노동자가 결코 그가 실제로 수행한 노동에 대해서 지불받는 게 아니라, 오히려 그가 계약상 합의된 시간 동안 자신의 노동력을 자본가의 처분에 맡긴다는 것으로부터 지불받는다는 사실에서 비롯한다. 노동자는 주어진 사회적 조건 하에서 노동력의 재생산에 필요한 만큼을 받는다. 그러나 노동력의 평균적인 사용은 노동력의 비용에 들어가는 것보다 더 많은 가치를 창조해 낸다. 자본가는 교환의 법칙을 위반하지 않고도 이 차이만큼을 전유한다. 왜냐하면, 노동력이라는 상품은 그것의 소유자[노동자]가 더 얻는 이득 없이, 그 가치만큼 판매되거나 구매되기 때문이다.

이제까지의 설명은 최상의 세계에서 벌어지는 최상의 상황에 관한 것일 뿐이다. 그런데 맑스가 보기에 유통은 "부르주아 사회의 표면"일 뿐이다. 그것은 "형식적이고 사라지는 것 말고는 교환의 주체들 사이의 차이를" 보여 주지 않는다.[245] 맑스는 이제, 소유자들 — 자본가 그리고 노동력의 소유자인 임금노동자 — 이 자유의지로부터 상호 인정하며 등가물들을 교환한다는 이러한 아름다운 가상이, 유통의 전제로 드러나는, 노동 위에 세워지는 소유의 권리를 부정하는 관계를 은폐한다는 결론에 도달한다. 생산물은 자본주의적 생산의 조건에서는 직접적 생산자인 노동자에게 귀속되지 않으며, 노동력의 구매자인 자본가에게 귀속된다. 결정적인 점은, 맑스의 관점에 따르면 이러한 부정이 노동을 통한 소유의 정당화*가 갖는 반대 측면을 표현한다는 사실이다. 여기서 중요한 것은 — 맑스의 용어로 하자면 — "변증법적 전도"[246], 즉 원칙 자체가 실현될 때 나타나는 필연적, 내재적인 모순이다. 이것을 보여 주기 위해 맑스는 제네바의 경제학자이 자 법학자인 셰르뷜리에(Cherbuliez)를 인용했다. 그는 1841년 출간된 그의 저작 『부 또는 빈곤(Richesse ou pauvreté)』에서 이러한 전도가 "전유의 법칙이 갖는 엄밀한 귀결"이라는 점을 보여 준다. "이 전유의 법칙의 근본 적 원칙은 거꾸로 모든 노동자가 그 자신의 노동생산물에 대해 갖는 유일 한 소유권이었다."[247]

셰르뷜리에는 소유권이 양도될 수 있다는, 즉 소유자가 더 이상 노동자 일 필요가 없으며, 따라서 소유가 생산수단으로부터 정당화될 수도 있다 는 사실로부터 이러한 전도를 설명한다. 임금 체계의 성립과 함께 필연적 으로 이러한 토대 위에서 노동자가 아니라 생산수단의 소유자가 계속해서 생산물을 전유하는 하나의 전유 양식이 재생산된다는 것이다. 노동을 **통** 한 전유는 생산수단의 소유를 통한 노동생산물의 전유로 전도된다.

이에 반해 맑스에게서 이러한 전도는 자본 관계의 기본 전제인 자유로

---

* 여기서 저자 아렌트는 노동과 소유의 관계에 대해 맑스가 수행하는 내재적 비판의 논리를 보여 준다. 일반적으로 가정되는 것과 달리, '노동을 통한 소유의 정당화', 즉 모든 소유의 근원이 노동에 있고, 따라서 노동생산물은 노동한 자에게 귀속되어야 한다는 원칙은 맑스가 수립한 것이 아니라 로크 이래 애덤 스미스에 이르기까지 근대 사회경제사상 전반이 공유 하는 것이었으며, 철학적으로도 칸트, 헤겔을 비롯한 많은 근대 철학자들이 노동을 '인격의 외화'로 규정함에 따라, 노동생산물에 대한 소유가 노동한 자에게 귀속되어야 한다는 대전 제를 공유하고 있었다. 그러나 이렇듯 '노동'으로부터 '소유'를 정당화하는 근대성의 논리는 실제적으로 자본주의 사회에서 실현되지 않고, 노동자는 자신의 노동생산물에 대한 아무런 통제력도 갖지 못한다. 이 때문에 다음 문장에서 표현되듯, 맑스는 자본주의에 내재한 '변증 법적 전도'의 논리를 폭로하며, 이는 자본주의적 근대사회의 원칙 자체가 갖는 "내재적인 모순"이다.

운 임금노동의 실존으로부터 직접적으로 발생한다. 왜냐하면 임금노동자는 계약 능력이 있는 법적 인격으로서 자유로울 뿐만 아니라, 자신의 노동 능력을 실현해 주는 수단, 즉 생산수단에 대한 소유의 결핍이라는 부정적 의미로도 [이중적으로] 자유롭기 때문이다. 임금노동자의 소유관계는 "그의 노동의 결과가 아니라 전제"이며, "**노동과 노동의 교환**" — 임금과 노동력의 교환 — 은 "**노동의 토대인 노동자의 무소유**"[248]에서 기인한다. 따라서 본래적인 소유관계는 노동으로부터 발생하는 것이 아니라, "노동이 소유하는 생산조건들에 대한", 즉 선행하는 사회적 생산관계들에 대한 노동의 특수한 관계로서 노동에 전제되어 있다.[249]

맑스는 노동을 통한 소유의 정당화라는 "근본 법칙"을 "**상품유통의 가상**"에서 발생하는 "순수 픽션"으로 묘사한다.[250] 사실은 **전유의 법칙**이 아니라, **수탈의 법칙**이 상품유통의 기저에 놓여 있는 것이다.[251] 그러나 이러한 가상은 필연적인, 변증법적인 가상이다. 왜냐하면 자유롭고 평등한 인격으로 서로 대하는 구매자와 판매자의 사회적 보편적으로 구속력을 갖는 관계는 외화된 생산물이 등가교환 밖에서 전유된 타인의 노동을 포함하지 않는다는, 즉 결국 자기 노동의 생산물이어야 한다는 것을 전제하기 때문이다. 유통의 가상, 즉 자유롭고 평등한 사적 소유자들의 등가교환이라는 가상 — 맑스는 특히 이것을 주장했는데[252] — 은 형식적으로는 손상되지 않는다. 왜냐하면 자본가가 노동 능력을 그 가치대로 구매하며 이 능력, 즉 노동 자체를 사용해 생산한 생산물을 전유하기 때문이다. 이를 통해 "타인의 노동시간은 교환의 **형태**를 매개로 **교환 없이** 전유"되며, 교환 자체는 "단순히 형식적으로" 된다.[253] 그러나 교환이 "자신의 대립물로" 전도됨으로써, 실제로 이러한 형식적 가상은 동시에 내용적으로 지양된다. "자유, 평등, 소유 — 자신의 노동에 대한 소유와 그에 대한 자유로운 처분 — 은 노동자의 무소유와 그의 노동의 외화로 전도되며, 노동자는 노동을 타인의 소유로 대하며, 그 역도 마찬가지다."[254]

시민적 권리, 즉 여기서는 소유권과 계약의 권리는 임금노동 관계가 그것의 토대와 내용에도 불구하고 자유롭고 평등한 소유자들의 등가교환으로 현상하게끔 해주는 하나의 형태를 부여한다. 동시에 그것은 임금노동 관계에 "개별 자본가들의 무의미한 노력이라는 우연성으로부터 자립적인 실존"을 부여한다.[255] 따라서 ― 예컨대 프루동에게서, 그리고 온전한 노동계약에 대한 노동자의 권리에 대한 논의들에서 그러하듯[256] ― 그러한 법적 원칙들을 자본주의적 현실에 대한 항의의 심급으로 만드는 일은 맑스가 보기에는 아무런 의미도 없는 것이었다.

헤겔과 관련하여 근본적인 차이는, 맑스가 생산수단에 대한 노동자의 무소유를 법적인 우연이 아니라, 헤겔이 그의 『법철학』에서 다루는 사회적이고 동시에 법적인 질서의 필연적인 전제로 파악했다는 점에서 드러난다. 맑스의 반론은 다음과 같이 예리하게 표현될 수 있다. "자유로운" 임금노동자의 현존이라는 **역사적 우연**은, 소유의 내용과 범위를 **법적으로 우연적인 것으로** 간주하도록 하는 법적 형식의 **필연적인** 전제다.

그러나 여기서 ― 이것은 종종 간과되는데 ― 헤겔이 인격과 소유의 개념을 서로 결합하고 있다는 사실은 비판되지 않고 있다. 즉, 맑스가 보기에, [인격과 소유 사이의] 이러한 연관성은 자명한 것이었는데, 이는 "모든 생산이 […] 특수한 사회형태의 내부에서, 그리고 이 사회형태를 매개로 하는 개인의 측면에서의 자연에 대한 전유"이기 때문이다.[257] 여기서 맑스에게 소유란, 역사적으로 볼 때 소유의 특수한 최근의 형태일 뿐인 생산수단에 대한 사유재산을 의미하는 것이 아니라, 자연에 대한 전유 또는 특수한 사회적 자연 관계의 토대 위에서 자연과의 신진대사에 대한 통제를 뜻하는 것이었다. 이러한 관계 속에서 만인의 자유란 사회적 개인들이 (단지 생산수단에 대한 사적 소유자로서만이 아니라) 그 자체로 자발적으로 생산의 조건과 관계할 때, 즉 자연에 대한 그들의 관계와 그들 자신들 간의 관계를 모두의 자발적 의지에 부합하는 방식으로 합리적으로 설정할 수 있을 때 비로소 보장될 것이다.

맑스는 자본 관계에 대한 사회적 대안을 "시간의 경제학"이라는 틀 속에서 사유한다. "모든 경제학은 시간의 경제학으로 해소된다."[258] 그는 이 테제를 한평생 유지했다. 사회 전체의 가처분 노동시간에 맞게 "일정한 비율로 사회적 노동을 **분배해야 할 필요**"는 그가 보기에 그 특수한 사회적 형태를 넘어 모든 생산양식의 "자연법칙"이었다.[259] 시간의 경제학은 사회의 재생산을 위해 필요한 노동시간과 사회 전체의 가처분 노동시간 사이의 관계를 설정하는 것에서 비롯한다. 이때 자본주의의 극복이라는 관점에서 단지 물질적 재화들에 대한 욕구만이 아니라 자유로운 시간에 대한 욕구 역시 중요해진다. 『자본론』3권에서 서술되어 있듯이, "자유의 왕국은 궁핍과 외적 합목적성에 의해 규정되는 노동이 중단될 때 비로소 시작된다. 그것은 사태의 본성에 따라 본래적 물질적 생산의 영역을 넘어서는 곳에 존재한다. [⋯] 자유의 왕국의 발전과 함께 자연필연성의 왕국이 확대되는데, 왜냐하면 욕구들 역시 확대되기 때문이다. 그러나 동시에 이러한 욕구를 만족시켜 주는 생산력도 확대된다. [⋯] 그러나 그것은 항상 필연의 왕국으로 남아 있다. 필연의 왕국을 넘어서야 스스로를 자기 목적으로 간주하는 인간적 힘의 발전, 즉 참된 자유의 왕국이 시작된다. 그러나 그것은 오로지 자신의 토대인 필연의 왕국 위에서 피어날 수 있을 뿐이다. 노동시간의 단축은 그 근본 조건이다."[260]

시간의 경제학에 대한 맑스의 설명은 그것의 기여에 비해 덜 주목받아

7. 필연의 왕국과 자유의 왕국 (맑스)

왔다. 전통적 노동자 운동과 전통적 맑스주의는 (그 근원에서 부르주아적인) 노동과 노동생산성에 대한 숭배를 넘어서는 노동사회에 대한 대안에 관한 질문을 이제까지 전혀 제기하지 않았다. 짧게 말해, 욕구들은 좁은 의미의 물질적인 욕구들로 환원되었으며 여기서 자유로운 시간에 대한 욕구는 더 이상 적절하게 고려되지 않았다. 여기서 산 노동 그리고 자연과 관계된 물질적 생산의 증대에 대한 집착은 치명적 결과를 낳았다. 생산성의 항구적 증대는 더욱 더 그리고 지속적으로 노동력의 해고로 이어졌는데, 이는 — 모든 산업국가들에서 확인되듯이 — 장기적으로 더 이상 시장에서의 새로운 고용을 창출하지 못하고, 적어도 생활수준을 지속적으로 보장해 줄 수 있는 고용을 만들어 내지 못하는 것을 뜻했다. 다른 한편 생산성의 지속적인 증대는 이윤율을 유지하기 위해 점점 더 많은 에너지와 원재료들이 소비되어야 한다는 것을 뜻했다.[261] 노동의 해고와 자연의 파괴는 손에 손을 잡고 이어졌다. "따라서 자본주의적 생산은 모든 부의 원천인 토지와 노동자의 토대를 허물어 버림으로써 사회적 생산과정의 기술과 조합만을 발전시킬 뿐이다."[262]

이러한 시간의 경제학의 틀 속에서 노동시간의 축소에는 경향적으로 체제를 뛰어넘는 기능이 포함된다. 왜냐하면 그것은 직접적으로 잉여가치 생산의 조건에 영향을 미치기 때문이다. 맑스가 보기에 노동시간의 포괄적인 축소는 기술 발전을 통한 생산성의 증대에서 비롯한다. 이러한 진보는 "노동시간과 사용된 노동량보다는 노동시간 동안 활동하는 행위자들의 힘에 의존"하는 "진정한 부", 즉 사용가치의 창출을 낳는다.[263] 사용가치 생산의 관점에서 사회적으로 필요한 노동시간의 단축과 더불어, 개별 노동시간의 급격한 축소의 가능성이 생기며, 이를 통해 "교환가치에서 비롯하는 생산"은 붕괴할 것이다.[264]

맑스가 자유의 왕국을 하나의 소외되지 않은 세계로 파악한 것이 아니라, 모든 소외의 낭만주의에 대립하여, 필연의 왕국이 남아있는 채로 그 옆에 나란히 자유의 왕국을 설정함에 따라, 그것은 헤겔적인 의미에서 특수성과 (추상적) 인격적 자유의 왕국과 결합될 수 있다. 다시 말해, 그것은 헤겔에게서 시민사회에서 정치적 공동체와 결합되는 원칙이었던 것을 대체한다. 여기서 중요한 것은 개별자의 인격적 자기 결정을 위한 자유의 공간이다. 맑스의 사위 폴 라파르그(Paul Lafargue)는 이를 "게으를 수 있는 권리"로 규정했다.[265] 이러한 자유의 공간이 공동체적 조절과 사회적 신진대사의 통제에 의존하는 한에서, 맑스가 보기에 그것은 그에 상응하는 정치적 틀, 즉 "자유로운 인간들의 연합"을 요구한다. 이러한 연합은 사회적 개인들이 "공동체적인 생산수단을 통해 노동하며 그들의 다양한 개별적 노동력을 자기의식적으로 하나의 사회적인 노동력으로 지출"한다는 특징을 갖는다.[266]

이러한 연합의 토대인 생산수단의 사적 소유에 대한 지양은 맑스에게 소유 자체의 지양을 뜻하는 것이 아니다. 이것은 이미『공산당선언』에서도 나타난다. "공산주의를 특징짓는 것은 소유 일반의 폐지가 아니라 부르주아적 소유의 폐지다."[267] 이것은 소비재에 대한 개인적 소유를 혹은 그것만을 의미하는 것이 아니다. 맑스의 개인적 소유 개념은, 그가 말했듯이, 노동자에게 "그의 노동의 결실에 대한 진정한 소유"[268]가 실현되는 것을 목표로 삼는다.『자본론』은 이에 관해, 자본주의적 사적 소유에 대한 부정이 개인적인 사적 소유를 다시 창출하는 것이 아니라, "아마도 자본주의 시대의 성과의 토대 위에서의 개인적 소유, 즉 토지 그리고 노동 자체를 통해 생산된 생산수단에 대한 협업과 공동 점유"[269]를 낳을 것이라고 말한다. 이것은 맑스가 "자유로운 인간들의 연합" 또는 "자유로운 생산자들의 연합"으로 묘사하는 공동체의 맥락에서 이해되어야 한다. 노동생산물에 대한 개인적 소유가 이와 결합될 때, 이것이 의미하는 바는 오직 모든 사회적 개인이 민주적인 과정의 테두리 속에서 노동과 노동생산물의 분배에 관해 개인적으로 공동 결정에 참여(mitbestimmen)할 수 있다는 것이다. 사회적 생활의 모든 영역들에 대한 더 적은 자유가 아니라, 더 많은 자유야말로 맑스의 관점이었다. 이것은 (어떤 작동방식에서건) 소위 "현실"사회주의의 구조들과는 아무런 관련도 없다.[270]

8. 맑스에게서 법과 자유

맑스주의 이론가들은 법 이론을 다룰 때 언제나 어려움을 겪으며, 이 때문에 이 주제에 관한 기초적인 문헌들 역시 간과되곤 한다.[271] 맑스는 상이한 맥락들 속에서 부수적으로만 그리고 산발적으로만 이에 관해 언급하였다. 『자본론』의 구성 계획에서 발견되는[272], 법에 관해서도 체계적으로 다룰 예정이었던 국가에 관한 책은 끝내 집필되지 않았다. 법적 상부구조에 관한 언급[273] ― 실은 다의적 은유 ― 은 많은 이들에게 상황을 간명하게 만들어 주는 것처럼 보였다. [그에 따르면] 법은 일종의 이데올로기와 통치 기술의 영역에 속하며 상품생산 사회의 경제적 토대에 상응하는 것이었다.[274]

맑스가 시민사회[부르주아 사회]의 변증법을 법적 형태를 구성하고 확정하는 그 물질적 전제들 속에 토대 짓고자 한다는 것에 대해서는 의심의 여지가 없다. 그에 따르면, 이러한 전제들의 지양을 통해서, 즉 생산수단에 대한 사적 소유의 지양을 통해서 더 이상 전유의 법칙에 의해 손상되지 않는 그리고 헤겔의 표현으로 파악해 보자면, 법에 대한 "분노"의 원인을 제공하지 않는 상태에 도달할 것이다.

그러나 맑스에게서 시민사회[부르주아 사회]의 (시민적[부르주아적]) 권리에 대한 비판, 특히 소유권에 대한 비판은 법적 허무주의를 정당화하는 것이 아니다. 심지어 그는 1859년에 『정치경제학 비판을 위하여』의 "서문"에서 여전히 다음과 같이 고백하고 있다. "나의 전공은 법학이었으나 나는 그것을 철학과 역사에 비해서는 부차적인 과목으로서 다루었을 뿐이다. 1842-1943년에 『라인신문』의 편집자로서 나는 처음으로 소위 물질적 이해관계에 관해 언급해야 한다는 곤경에 직면했다. 삼림 목재 절도와 토지 재산 분할에 대한 라인 주의회의 논의, 당시 라인 지역 주지사 폰 샤퍼 씨가 모젤 지역 농민들의 상태에 관해 『라인신문』에 대해 개시했던 공식적 반박, 자유무역과 보호관세에 관한 논쟁들은 경제적인 질문들에 대해 내가 몰두할 수 있는 최초의 계기들을 제공해 주었다."[275] 맑스는 "물질적 이해관계"로의 방향 전환이라는 맥락에서 법에 대한 질문들을 제기했다. 특히 그는 법이 보편성에 결부되어 있다는 사실, 즉 객관적이며 보편적으로 효력을 가져야 한다는 사실에 호소하였다. 이것은 이미 헤겔이 살아 있던 시대에도 프로이센에서 더 이상 자명한 것이 아니었다. (맑스의 학문적 스승 중 한 사람인) 에두아르트 간스가 1822년에 소위 "간스 법령(lex Gans)"* 으로 인해 베를린 대학의 교수 취임을 거부당했던 것이다. 『라인 신문』은 대략 1년 뒤인 1843년 초 폐간되는데, 이 『라인신문』의 편집자로서 맑스는 그가 "경향법(Tendenzgesetz)"이라고 부르는 검열법에 직면해야 했다. "경향법, 즉 어떠한 객관적 규범도 제공하지 않는 법률은 로베스피에르 치하의 국가의 궁핍과 로마 황제들 치하에서 국가의 부패가 발명한 공포 통치

---

* 19세기 프로이센에서는 여전히 유대인의 공공기관 취업이 금지되었다. 따라서 유대인인 에두아르트 간스 역시 대학에서의 교수직을 맡을 수 없었다. 간스는 이를 진정해 달라며 당국에 청원을 제기했는데, 이에 대해 그는 1822년의 왕실 내각 교서를 통해 그를 포함한 유대인들의 교수직은 허용될 수 없다는 답변을 받아야 했다. 이를 Gans에 관한 법령이란 의미에서 lex Gans라고 부른다. 이후 간스는 기독교로 개종한 뒤 비로소 베를린 대학 법대의 정교수로 취임할 수 있었다. 참고로 1817년 칼 맑스의 아버지 역시 변호사직을 유지하기 위해 유대교를 버리고 루터교로 개종해야 했다.

의 법률이다. 행위 그 자체가 아니라 행위자의 신념을 핵심적 척도로 만드는 법률은 무법 상태에 대한 긍정적인 허가 외에 아무것도 아니다."[276]

초기의 맑스는 이러한 사태 속에서 근본적으로 헤겔의 입장을 취한다. 법은 원칙적으로 — 비록 필수적이라 하더라도 — 자유의 제약이 아니라, 정반대로 명확히 자유의 현존이다. "법률은 자유에 반대하는 억압의 조치가 아니며, 이는 무게의 법칙이 운동에 대한 억압의 조치가 아닌 것과 마찬가지다. 왜냐하면 그것은 중력의 법칙으로서 세계의 신체가 수행하는 영구적 운동들을 추동하지만, 그러나 낙하의 법칙으로서는 내가 그것을 무시하고 허공 속에서 춤을 추려 하면 나를 박살낼 것이기 때문이다. 법률은 오히려 긍정적인, 빛나는, 보편적인 규범이며, 법률 안에서 자유는 비인격적인, 이론적인, 개별자의 자의로부터 독립적인 현존을 획득하였다. 하나의 법전은 한 인민의 자유의 성경이다."[277] 이러한 이름에 걸맞은 법률은 따라서 맑스가 보기에 그 자체로 입법적 자의라는[입법가가 마음대로 만들 수 있는 것이라는] 성격을 갖는 것은 아니다. "입법가는 […] 자연 연구자처럼 고찰되어야 한다. 그는 법률을 만드는 것이 아니며, 법률을 발명하는 것이 아니다. 그는 단지 법률을 정식화할 뿐이며, 정신적 관계들의 내적 법칙들을 의식적인 긍정적 법률들 속에서 표현한다."[278]

[이후] 공산주의적 입장으로 이행하면서도 법에 관한 맑스의 관점의 변화는 첫눈에 보이는 것만큼 극적이지는 않다. 근본적인 변화는 법률들이 — 늦어도 『독일 이데올로기』부터는 — 더 이상 정신적 관계들의 의식적 표현이 아니라, 물질적 관계들의 표현으로 고찰된다는 점에 있다. 헤겔과 관련하여 이는 객관정신의 토대를 위한 계기에 의해 "욕구의 체계"가 만들어진다는 것을 의미한다. "관념, 표상, 의식의 생산은 우선 직접적으로 인간들의 물질적 활동과 물질적 교류, 즉 현실적 삶의 언어와 결부되어 있

다. 여기서 인간의 표상, 사유, 정신적 교류는 여전히 그것들의 물질적 행동의 직접적 표출로 드러난다. 한 민족의 정치, 법률, 도덕, 종교, 형이상학 등의 언어 속에서 드러나는 정신적 생산에 대해서도 동일한 사실이 적용된다."[279] 주관적 자의라는 의미에서의 자유의지 개념에 대한 비판 역시 이러한 유물론적 정초와 결합된다. "국가가 지배계급의 개인들이 그들의 공통의 이해관계를 통용시키고 한 시대의 전체 시민사회가 요약되는 형태라면, 이로부터 도출되는 사실은 모든 공동체적 제도들이 국가에 의해 매개되어 있으며, 하나의 정치적 형태를 얻는다는 것이다. 따라서 마치 법률이 의지로부터, 즉 그 실재적 토대로부터 분리된, 자유의지로부터 비롯한다는 가상이 생겨난다. 마찬가지로 법은 다시금 법률로 환원된다."[280]

이것은 헤겔에 대한 비판이 아니라, 주관적으로 파악된 자의에 대한 비판으로 이해되어야 한다. 객관적으로 결부된 의지의 관계는 — 헤겔과 함께 — 맑스에게서 마찬가지로 법의 구성의 출발점으로 간주된다. 이에 상응하여 『자본론』 1권에서 그는 "의지의 관계"를 "경제적 관계"의 반영(反影, Widerspiegelung)으로 고찰한다.[281] 결정적인 점은, 여기서 다뤄지는 것이 개인들의 의지가 아니라는 사실이다.[282] 물질적으로 조건 지어진 일정한 사회적 관계 하에서 "지배하는 개인들은 […] 이러한 일정한 관계들에 의해 조건 지어진 그들의 의지에, 국가의 의지로서의, 법률로서의 하나의 보편적인 표현을 제공해야 한다. […] 그들의 신체가 무게를 갖는가의 여부가 그들의 관념론적인 의지나 자의에 의존하는 것이 아니듯이, 그들이 그들 자신의 의지를 법률의 형태로 관철시키면서 동시에 모든 개별자들의 인격적 자의로부터 독립적으로 만들 것인가 하는 것도 의지에 달린 것이 아니다."[283] 이것이 의미하는 바는 특수한, 계급적 이해관계에 의해 규정된 의지가 **주관적** 자의를 능가하는 보편적 법률 속에 표현된다는 것이다. 이것은 또한, 법이 계급관계를 통해 규정되어 있다는 사실에도 불구하고, 인격적인 자유의 공간을 창출한다는 사실에 대한 토대가 된다. "일정한 조건들 내에서 굴곡 없이 우연성을 향유할 수 있는 이러한 법[권리]을 사람들은 이제까지 인격적 자유라고 불렀다."[284]

　　맑스와 엥겔스는 『공산당선언』(1848)에서 논박적인 예리함 속에서 『독일 이데올로기』에서 묘사된 입장을 다음과 같이 정식화한다. "정신적인 생산이 물질적 생산과 함께 변형된다는 것 이외에, 관념들의 역사는 무엇을 증명하는가? 한 시대의 지배적인 관념들은 언제나 지배계급의 관념일 뿐이었다."[285] 이러한 틀 속에서 법은 마찬가지로 특수한, 경제적으로 정당화된 권력관계의 표현으로 간주된다. 이때 핵심에는 소유권이 있다. "기존 소유관계의 철폐는 공산주의를 고유하게 묘사하는 것이라고 할 수 없다. 모든 소유관계는 지속적인 역사적 변동, 지속적인 역사적 변화에 종속되어 있었다."[286] 계급투쟁 — 맑스에 따르면 결국 정치적 투쟁, 즉 정치적 권력을 둘러싼 투쟁[287] — 은 법을 정립하는 폭력(Gewalt)이자 법을 파괴하는 폭력이 된다.* 그런데 여기서 강조되어야 할 것은, 맑스(와 엥겔스)가 국가가 시민[부르주아]사회의 영역에 대한 개입을 이끌어 낼 수 있는 심급이라는 바로 그 이유 때문에 정치적 계급투쟁에 가치를 부여했다는 점이다. "생산

---

* 이 문장에서 계급투쟁이 법을 정립하는 폭력이면서 동시에 법을 파괴하는 폭력이라는 저자의 표현은 어느 정도 벤야민을 염두에 둔 것이다. 주지하다시피 벤야민은 『폭력 비판을 위하여(Zur Kritik der Gewalt)』에서 법과 폭력의 신화적 순환의 고리를 설명하기 위해 '법 정립적 폭력'과 '법 보존적 폭력'을 대비하며, 전자, 즉 법 정립적 폭력의 사례 중 하나로 '파업권'을 제시한다. 반면 그는 이 글 말미에, 법 정립적 폭력과 법 보존적 폭력의 신화적 순환이 결국은 법과 폭력의 결합이라는 동일한 사태를 반복한다고 비판하면서, 이러한 고리를 끊어 낼 순수한 폭력의 형태로 '신적 폭력'을 제시한다. '법을 파괴하는 폭력'이란 이 신적 폭력을 염두에 둔 표현으로 생각된다. 다만 저자 아르트는 계급투쟁이 법을 파괴, 해체하기도 하지만 동시에 법을 재구성하고 변혁하는 역할도 한다는 점에서 계급투쟁과 법 사이의 관계가 상호 매개되어 있다고 지적하고 있다. 여기서 사용된 '폭력'이라는 표현의 원어는 Gewalt인데, 이 단어의 복잡성에 대해서는 다음 옮긴이 주를 참조할 것.

8. 맑스에게서 법과 자유

양식 전체의 변혁"을 위한 수단은 "소유권과 부르주아 생산관계에 대한 전제적인 개입"이다.[288] 맑스는 시민[부르주아]사회의 억제와 변형을 위한 수단으로서의 정치적 권력, 즉 국가에 대한 지향점을 다시금 오로지 정치적 공동체를 통해서 시민사회의 재앙적인 고유한 동학에 맞서 싸울 수 있다고 생각한 헤겔과 상응하는 가운데 제시한다.

이제까지 법에 대한 맑스의 사유와 관련된 문헌들 중에서 덜 주목받았던, 그의 국제노동자협회 중앙위원회에서의 활동에서 비롯하는 텍스트들 역시 이러한 연관성을 제시한다. 이 텍스트들은 노동운동의 법적 요구들을 통해 노동계급의 상태를 개혁하고 그들의 경제적 해방을 향한 조치들을 도입하는 것을 목표로 삼는다. 이것은 맑스가 법적 요구를 그 자체로 핵심으로 간주했다는 것을 의미하는 것은 아니다. 오히려 그는 이렇게 설명한다. "사회적 필요를 지적하는 것은 추상법에 대한 요구보다 더 강력한 논증이다. 모든 가능한 억압의 형태는 추상법에 의해 정당화된다."[289] 맑스에게 법은 해방의 정당성의 근거가 아니라, 수단이다. 그럼에도 법이 바로 그러한 수단일 수 있는 것은 그것이 그 본성상 추상적-보편적인 법이며 주관적 자의와 선호와는 다르기 때문이다. 이것은 법을 보편적인, 즉 사회적인 강제력(Gewalt)*의 관철을 위해 사용할 수 있게 해준다. 왜냐하면 맑스가

---

* 독일어 단어 게발트(Gewalt)는 번역하기가 쉽지 않으며, 이 단어의 중의적인 의미는 철학적으로 민감한 논점을 제기한다. 이 단어는 맑스와 엥겔스가 계급투쟁을 이해하는 방식, 벤야민이 법과 폭력의 관계를 사유하는 방식, 한나 아렌트가 폭력과 권력에 관한 논의를 발전시키는 방식, 그리고 발리바르가 폭력과 시민성(시빌리테) 사이의 관계를 추적해 가는 방식에 모두 영향을 미친다.
  Gewalt는 주로 '폭력'으로 번역되지만, 구체적이고 물리적인 폭력, 즉 영어 violence에 해당하는 의미를 담기에는 적합하지 않다. 구체적, 물리적 폭력을 지칭할 때 독일어에서는 주로 Gewalttätigkeit라는 단어가 사용된다(이 단어는 게발트Gewalt와 활동Tätigkeit이라는 두 단어의 조합으로 이뤄졌다. 그 자체, 게발트의 구체적인 실현 활동이라는 의미를 담고 있다). Gewalt는 폭력 행위라기보다는 차라리 어떠한 강제적인 법칙이나 구속력이 수행된다는 의미에서, '강제력'에 더 가까운 뜻을 갖는 것처럼 보인다. 그러나 이 단어는 '강제력'을 뜻하는

보기에 노동자들의 해방의 목표는 특수한 이해관계가 아니라 전 사회적 이해관계를 위한 것이기 때문이다. 이러한 맥락에서 맑스에게 법은 "사회적인 통찰의 사회적인 강제력(Gewalt)으로의 전환"으로 간주되며, "이것은 주어진 조건 하에서 오직 국가권력(Staatsgewalt)에 의해 관철되는 보편적 법률을 통해 발생할 수 있다. 그러한 법률들을 관철시킬 때 노동계급은 결코 정부를 강화시키는 게 아니다. 거꾸로, 노동계급은 현재 자신들에 반(反)하여 사용되는 권력(Macht)을 그들 자신의 하인으로 삼는다. 그들은 보편적 법률 제정을 통해, 그들이 다양한 고립된 개별적 노력들을 통해 헛되이 추구할 뻔한 것을 달성한다."[290] 맑스는 여기서 잉글랜드에서의 표준 노동일을 둘러싼 투쟁의 경험들을 가리키고 있다. 이것이 임금협상이라는 형태로 계약법에 귀속되는 것이 아니라, 입법자의 역량에 귀속되는 한에서, 이것은 경제투쟁과 정치투쟁의 직접적인 결합을 의미한다. 결국 이 때문에 1차 세계대전 이후의 입법*은 임금협상의 당파들에게 포괄적으로 이러한 역량을 부여했다.

맑스가 『자본론』 1권에서 상술하듯이[291], 법적 표준 노동일의 관철은 자

다른 독어 단어(예컨대 Zwang)에 비해서는 훨씬 '온순한' 뜻을 내포한다. 또 이 단어는 다수의 인간들이 사회적 관계 속에 만들어 가는 '권력'이라는 뜻에 가까운 것처럼 보일 때도 있으나, 권력을 뜻하는 다른 독어 단어 Macht처럼 구체적으로 제도적인 힘과 권력을 나타내지는 않는다. 차라리 Gewalt는 이 세 의미 — 폭력, 강제력, 권력 — 의 조합 혹은 교차를 나타내는 것처럼 보이기도 한다.

저자 아렌트의 관점에서 보자면, 법은 폭력 혹은 게발트(Gewalt)이지만, 그것은 구체적인 물리적 폭력과도, 개인의 행동을 구속하는 강제력과도, 정치적 권력과도 구분되는 의미에서, 그럼에도 폭력, 강제력, 권력을 모두 관통하는 의미에서의 게발트인 것이다. 이 책에서 이 단어는 맥락에 따라 폭력, 강제력, 권력이라는 단어로 서로 다르게 번역되며, 계속되는 인용문에서 Gewalt와 Macht가 사용될 때에는 혼동을 피하기 위해 원어를 병기하였다.

* 바이마르 공화국 초기, 독일혁명의 여파로 마련된 1920년의 기업평의회법(Betriebsrätegesetz)을 의미하는 것 같다. 이 법안은 고용주의 자의적인 해고를 금지하고, 노동자들로 이뤄진 평의회의 경영 참여 권리를 대폭 보장하는 것을 골자로 한다. 이 법은 1934년 나치 정부에 의해 폐지되었다.

본 일반의 이해관계를 반영한 것이기도 하다. 노동일의 제약 없는 확장은 자본을 위한 임금노동자의 재생산과 처분 가능성을 위협할 것이기 때문이다. 자본은 증대된 생산성, 즉 노동의 집약화를 통해 이에 대응할 수 있었다. 물론 이 역시 문제가 없지 않은데, 왜냐하면 그것은 마찬가지로 노동자들의 신체적이고 심리적인 부담을 버틸 수 있는 한계 이상으로 증가시킬 것이기 때문이다. 두 경우 모두에서 노동자들의 이해관계는 부분적으로 자본의 이해관계와 동일하다. 반면 맑스가 보기에 노동일의 포괄적인 제한에 대한 요구는 동시에 체계를 폭발시키는 경향을 갖는다. 그러나 맑스는 전체적으로 보호법의 관철을 — 예컨대 노동 조건과 관련하여, 야간 노동의 금지와 아동 및 청소년 노동의 제한 — 노동자의 해방을 위한 필수적인 절차들로 간주한다. 보호법은 노동자들에게 "정신적 발전, 사회적 교류 그리고 사회적이고 정치적인 활동의 가능성"을 보장할 것이므로, "그것 없이는 개혁과 해방에 대한 모든 다른 노력들이 수포로 돌아갈" 전제 조건이다.[292]

그러나 정치권력을 둘러싼 계급투쟁의 사건들 속에서 단지 임금노동 체제의 부정적인 귀결에 대해서만 대항하는 것이 아니라, 직접적으로 이 체제의 철폐를 목표로 삼는, 즉 생산수단 국유화 그리고 보편적 노동 의무의 토대에서 사회적 노동의 생산물에 대한 분배와 같은 이러한 조치들을 맑스는 법적 형태의 조치들로 생각했다.[293] 상속권의 폐지는 여기서 핵심을 이룬다. 상속권이 사유재산 관계의 "법률적 귀결"이므로, 그것은 오직 생산관계의 변형을 통해서 제거될 수 있다, "따라서 상속권과 관련된 모든 조치들은 오직, 한편으로는 아직 현재 사회의 경제적 토대가 변형되지 않았으나, 다른 한편으로는 노동자 대중이 결국 사회의 급진적인 변화를 실현하기에 적합한 이행의 조치들을 관철시킬 힘을 충분히 축적해 놓은 이행의 상태와 관계될 수 있을 뿐이다."[294]

무엇이 그러한 급진적 변동에 제도적으로 그리고 법적으로 뒤따를 수 있는가, 국가나 법이 어떤 형태로든 "자유로운 인간들의 연합"의 조건일 수 있는가 하는 것은 맑스에게서 결국 불분명하게 남아 있다. 1875년 작성되고 1891년 맑스 사후 출간된 『고타강령 비판』에서도 명시적 언급이 없다. 물론 [이 텍스트에서] 분명해지는 것은, 맑스 역시 그가 공산주의적으로 묘사하는 사회를 하나의 "국가제도(Staatswesen)"로 설정했다는 점이다. "공산주의 사회에서의 국가제도는 어떠한 변화를 겪을 것인가? 달리 말해, 현재 국가의 기능들과 유사한 어떤 사회적 기능들이 거기에 남게 될 것인가? 이러한 질문은 학술적으로만 답변할 수 있다. […] 자본주의 사회와 공산주의 사회 사이에는 전자에서 후자로의 혁명적 전환의 시기가 놓여 있을 것이다. 이에 상응하는 정치적 이행의 기간이 있을 것인데, 이때의 국가는 **프롤레타리아트의 혁명적 독재** 외에 다른 것일 수 없다. 고타강령은 이것과도 관련이 없으며, 미래 공산주의 사회의 국가제도와도 관련이 없다."[295]

그런데 1852년 이래 맑스에 의해 더 이상 사용되지 않았던 "프롤레타리아트 독재"라는 공식은 여기에서 오직 파리코뮌와의 연관성 속에서 짧게 재등장했다가 얼마 뒤 사라질 뿐이다. 맑스는 결코 국가의 "사멸(Absterben)"에 관해 언급하지 않았다. 레닌에게 큰 의미를 갖는 이 공식은 엥겔스에게서 유래한다. 이따금 등장하는 그의 문구들에서 분명히 드러나는 것은 단지 맑스가 "민주집중제"의 대립물인 탈중심화와 자기 통치를 사유했다는 사실이다.[296]

특히 맑스의 비판은 국가가 자립화되어 각각의 역사적으로 특수한 사회적 관계들의 표현으로 간주되지 않는 것을 겨냥한다. 거의 동시에 맑스

8. 맑스에게서 법과 자유

는 마찬가지로 바쿠닌의 1874/75년 저작 『국가주의와 아나키』의 독해를 계기로, 계급사회의 소멸 이후 "현재의 정치적 의미에서의 국가는 더 이상 존재하지 않을 것"이라고 적는다.[297] 물론 이것이 의미하는 바는 엥겔스와 그를 따르는 레닌이 이해하듯이, 국가 그 자체가 사멸한다는 것은 아니다.

이것은 결코 사소하지 않은 것인데, 왜냐하면 맑스가 공산주의에서의 공동체 또는 국가제도가 모든 법적 형태 없이도, 즉 다시금 제재/허가의 권력(Sanktionsgewalt)을 전제하는 법 없이도 존립할 수 있을 것이라고 생각했다는 어떠한 증거도 발견되지 않기 때문이다. 이미 『공산당선언』에서 맑스는 명시적으로 계급 없는 사회에서 지속될 **공적 권력**(Gewalt)을 계급 사회에 특징적인 **정치적 권력**으로부터 구분한다. "발전의 과정에 따라 계급의 구별이 소멸하고 모든 생산이 연합된 개인들의 수중에 집중되면, 공적 권력은 정치적 성격을 상실한다."[298] 그러나 공적 권력 역시 여전히 권력이다. 그것이 보이는 그대로 전 사회적인 권력으로 간주되어야 한다면, 그것은 오로지 "연합"의 틀 속에서 사회적 규범을 관철시키기 위한 제재/허가의 권력으로 이해될 수 있을 뿐이다. "그 안에서 각자의 자유로운 발전은 만인의 자유로운 발전의 조건이 된다."[299]

『고타강령 비판』에서 맑스는 노동과 노동생산물의 사회적 분배와 관련하여 법[권리]적 관계를 대략적으로 스케치했을 뿐이다. 공산주의 사회에서의 분배가 "그 자신의 토대에서 발전한 것이 아니라, 거꾸로 자본주의 사회에서 **발생한** 것이듯", 그것은 원칙상 "여전히 […] **부르주아적인 권리**(das bürgerliche Recht)*"인 동일한 권리의 적용에 의해[300], 즉 수행된 노동

---

* Bürger가 '시민'으로도, '부르주아'로도 번역될 수 있고 Recht는 '법'과 '권리'를 동시에 뜻하므로, das bürgerliche Recht는 '시민권', '시민법', '부르주아적 권리', '부르주아적 법'이라는 네 가지 번역이 가능하다. 다만 여기서는 구체적인 법에 관한 설명보다는, '등가교환'이라는 규범적 가치에 대해 언급하고 있으므로 Recht는 '권리'로 해석하는 것이 옳으며, 저자가 뒤에 Zivilrecht라는 단어를 통해 '시민권'을 표현하고 있으므로, 여기서는 '부르주아적인 권리'

시간의 양에 따른 개인적 소비를 위한 생산물의 분배를 통해 실행된다. 여기서는 "상품 등가물의 교환에서와 동일한 원칙"[301]이 적용되며, 이로 인해 부르주아적인 권리는 보편적인 권리로서 필연적으로 개인들, 그들의 능력과 욕구의 차이들로부터 추상된 채로 계속해서 통용된다. 이러한 권리는 "따라서 그 내용상 모든 법[권리]과 마찬가지로 불평등의 권리다."[302] 이러한 "협소한 부르주아적 권리의 지평"은 노동의 조직화와 노동생산성이 "각자는 자신의 능력에 따라, 각자에게는 그의 필요에 따라"라는 원칙을 실현할 수 있을 때 비로소 극복될 수 있을 것이다.[303] 그런데 여기서 맑스는 "부르주아적(bürgerlich)"인 것으로 분류될 수 있는 법/권리(Recht) 일반을 언급하는 게 아니라, 시민사회의 교류 형식에 규칙을 제시하며 독일에서 보통 "민법(Bürgerliches Gesetzbuch)"을 뜻하는 시민권(Zivilrecht)을 언급한 것이다.

실제로는 단지 단편적일 뿐인 맑스의 법에 대한 관점은, 이러한 방향으로 법 이론을 계속해서 발전시킬 수 있는 계기를 제공할 수 있었으며 그래야 했을지도 모른다. 그러나 결국 의문스러운 국가 사멸이라는 도그마는 소비에트연방의 초기에 그러한 [법 이론의] 발전을 차단하였으며, 이는 폭넓은 결과를 초래하였다. 오이겐 파슈카니스(Eugen Paschukanis)*의 『법의

로 번역하는 것이 옳을 듯하다.

또 앞의 문장에서 저자가 말한 분배와 관련된 '법적' 관계란 부르주아 사회에서 통용되는 '권리'와 공산주의 사회에 적용될 '권리' 사이의 관계를 말한다. 법과 권리를 동일한 단어 Recht로 표기하는 독일어의 언어 관습상, 법과 권리 사이의 일치는 개념상으로 이미 전제되어 있다. 이를 우리말로 번역할 때에는 맥락에 따라 적절한 번역어를 선택했다.

* 독일어권에서는 그를 '오이겐 파슈카니스'라고 부르고 그의 저서의 국내 번역본도 저자명을 그렇게 표기하지만, 러시아식으로 그의 이름을 표기하자면 '에브게니 브로니슬라보비치 파슈카니스(Евгений Брониславович Пашуканис)'가 된다. 1891년 리투아니아 출신인 그는 러시아혁명 이후 소련 최고의 맑스주의 법 이론가로 명성을 얻었으나, 법을 부르주아 사회의 산물로 규정하는 그의 관점은 새로운 '사회주의 헌법'을 제정하려는 스탈린의 정책과 충돌을 빚어, 결국 그는 1937년 사형 판결을 받고 숙청되었다. 이후 스탈린 사후인 1957년

일반 이론과 맑스주의』[304]는 이와 관하여 시사적인 저작이다. 여기서 근본적으로 중요한 관점은 법의 형식이 상품 형식을 통해 규정된다는 것이다. 파슈카니스에 따르면 법의 범주들은 "객관적 사회관계에 상응하는 […] 객관적 사유 형식들"이지만, 그것은 동시에 ─ 상품 물신주의와 유사하게 ─ 신화적인 변장을 하고 있다.[305] 자본주의 사회의 부는 막대한 상품의 집적으로 나타난다는 맑스의 테제와 유사하게, 파슈카니스에게서 "법학적인 법적 관계"가 "법적 조직의 맹아"가 되는 방식으로 법의 형식들이 사회적 관계에 규범을 부여하면서 그것을 규제하자마자, "전체 사회는 법적 관계의 무한 연쇄로 드러난다."[306] 상품이 자본주의적으로 생산하는 사회에서 부의 기초 형태이듯이[307], 주체, 상품 소유자는 "법학 이론의 원자"[308]인 셈이다.

그러나 파슈카니스가 제기하는 [상품과 법 사이의] 이러한 유비(類推)는 오류에 빠지는데, 왜냐하면 사용가치를 이루는 속성을 가진 사물로서의 상품체에 걸맞은 이론은 여기에 결여되어 있기 때문이다. 그러나 법학 이론의 원자로서 주체는 "시장에서의 자유로운 처분으로서" 소유관계의 "가장 일반적인 표현"에 다름 아니다.[309] 이에 상응하는 것은 상품의 교환 가능성, 상품의 교환가치 또는 가치의 측면이지 사용가치의 측면이 아니다. 달리 말해, 파슈카니스는 상품이 오직 교환가치만을 가질 뿐 사용가치를 갖지 않는 것처럼 맑스를 해석한다. 그가 이런 오류를 범하는 이유는 그가 맑스의 『자본론』을 잘못 이해했기 때문이 아니라, 그의 법 개념이 환원주의적이고 그가 부르주아적인 법(시민권 그리고 부르주아 사회에 의해 각인된 법이라는 이중 의미 속에서)으로서 법의 특수하게 사회적인 형식과 기능 외에, 인격으로서 법적 주체라는 개념이 함축하는, 개인적 자유의 공간을

복권되지만, 그의 이론은 소련 사회에서 주류로 인정받지 못했다.

구성하는 요소로서 법의 기능을 알지 못했기 때문이다. 이 때문에 파슈카니스는 객관적이면서 주관적인 것으로서의, 즉 한편으로는 외적인, 권위적인 규제이자 다른 한편으로는 "주관적인 사적 자율성의 형식"[310]인 법의 규정들을 가리고 평준화한다. "법의 범주는 그것이 법의 담지자와 소유자를 포함하는 곳에서 논리적으로 완성된다. 이 담지자이자 소유자의 권리는 그와 마주보는 타인의 의무에 다름 아니다."[311] 이에 따르면 인격적 자율성(파슈카니스가 사용한 "사적" 자율성이라는 표현은 이미 경멸적이다)은 오직 시장에서의 사유재산 처분으로만 간주될 뿐이다. 법 자체의 범주는 법적 의무로 격하된다. "법적 주체는 […] 구름 낀 하늘로 자리를 옮긴 추상적 상품 소유자다. 법학적 의미에서 그의 의지는 이익 속에서 양도하고자 하는, 그리고 양도 속에서 이익을 취하고자 하는 소망 속에서 그 실재적 토대를 갖는다."[312]

파슈카니스에게서 법적 주체는 "전유와 양도의 자유"라는 관점에서만 "자유의 담지자"[313]일 뿐이다. 이때 그는 헤겔의 『법철학 강요』 §36에서의 "법의 명령(Rechtsgebot)"을 인용하며("하나의 인격일 것, 그리고 타인을 인격으로 존경할 것"[314]), 마치 인격 개념이 상품 소유자로 국한되는 것처럼 주장한다. [그러나] 인격이라는 법적 개념은 추상법의 영역을 정당화하는데, 이 추상법의 영역은 그것이 개인의 특수성을 추상한다는 바로 그 이유에서, 법적으로 규범화되지 않는 자유의 공간을 개방한다. 또 파슈카니스는 헤겔에게서 법적 주체가 결코 원자적 단위가 아니라, 반대로 사회적 매개의 역사적 귀결이라는 사실을 간과한다. 이 측면에서 헤겔은 맑스와 일치한다. 맑스에게서 인간은 "문자 그대로 정치적 동물(ζῷον πολιτικόν)이다. 단지 사교적(gesellig) 동물일 뿐만 아니라, 오로지 사회(Gesellschaft) 속에서 개별화될 수 있는 동물인 것이다."[315] 이에 반해 파슈카니스는 특히 피히테에 의존하여[316] 자연법적인 사회화 이론이 갖는 부정적 자유 개념으로 소급하면서, 마치 이러한 모델에 대한 비판이 맑스에 의해 비로소 제기된 것처럼 주장한다.

파슈카니스는 "부르주아 법이라는 범주의 사멸"과 더불어 법 자체 역시 사멸할 것이며[317], "그러나 그러한 법적 형식과 법 이데올로기의 지양을 위한 현실적 전제는 개인적 이익과 사회적 이익 사이의 모순이 극복된 사회의 상태"[318]라고 명시적으로 주장한다. 이것이 뜻하는 바는 개인들이 보편적으로 된 도구적 이성의 지배에 종속된다는 것이다. "계획경제의 최종 승리는 생산자들의 상호 결합을 오로지 기술적-합목적적인 결합으로 만들 것이며 이와 더불어 '법률적 인격성'은 사멸할 것이다."[319] 법률적 인격성, 법적 주체는 여기서 동시에 "도덕적 주체로서의, 즉 동등한 가치를 갖는 인격성으로서의 인간"[320]이다. 이에 상응하여 미래 사회에서는 "나(Ich)의 경계가 […] 지워질" 것이며, 그리하여 개인과 계급은 "용해될" 것이다.[321] 그것은 "모든 것이 인간 자체로 환원되는"[322] 사회이며, 그러나 이러한 환원은 핵심적으로는 사회적으로 기능하는 존재가 되기 위한 개체성의 추상 이외에 아무것도 아닐 것이다. 이 모든 것은 자유로운 인간들의 연합에 관한 맑스의 관점과 아무런 상관도 없다.

자신의 나(Ich)를 아직 집단의 용광로에 용해시키지 않은 사람들에 대해 파슈카니스는 임시적으로 새로운 정언명령을 마련해 준다. "네가 너의 계급에게 가능한 한 가장 큰 유용함을 가져올 수 있는 방식으로 행위하라." 그는 이 명령을 칸트의 정언명령 정식과 일치하는 것이라고 매우 진지하게 생각했다.[323] 그런데 이 새로운 정언명령은 칸트에게서와 마찬가지로 오직 의지의 준칙하고만 관련이 있는 것이 아니라, 행위 자체와도 관련을 맺는다. 그러나 집단에 대한 유용함이 규범으로 격상될 때, 이러한 행위는

[내적] 신념과 달리, 법과 관계된 것일 수 있다. 인격성을 제거한다는 것이 이러한 규범의 의미이므로, 이 규범이 스탈린 시대 소련에서 수백만을 대상으로 실행되고 그리고 마침내 파슈카니스 자신에게 닥쳤을 때, 그것은 아무런 저항도 할 수 없었다.

9. 보론: 맑스에게서 인권의 문제[324]

헤겔에게서와 마찬가지로 맑스에게서도 — 다른 모든 법/권리(Recht)와 마찬가지로 — 인권은 초역사적으로 이해될 수 없으며 오히려 역사적 발전의, 더 정확히 말하자면 자유의 역사의 결과로 파악되어야 했다. 인간으로서의 인간이 권리를 갖기 위해서는 세계사의 오랜 노동이 필요했다. 이제야 비로소, 프리드리히 쉴러(Friedrich Schiller)의 희곡『빌헬름 텔(Wilhelm Tell)』에 등장하는 슈타우파허(Stauffacher)가 말하듯, 억압받는 자는 "저 높이 걸려 있던 양도할 수 없는/ 그리고 별들 자체와 같이 부숴 버릴 수 없는/ 자신의 영원한 권리를" 하늘로부터 끌어내릴 수 있는 것처럼 보였다.[325]

첫눈에 보았을 때 인권에 대한 칼 맑스의 태도는 이중적이다. 그는 인권선언에 날카로운 비판을 가하지만[326], 동시에 헤겔과 마찬가지로 그에게서도 인간 존재(Menschsein)는 규범적 의미를 갖는다. "종교에 대한 비판은 **인간이 인간에게 최고의 본질이라는 가르침으로, 즉 인간이 천대받고 구속받고 버림받으며 경멸당하는 존재로 되어 있는 모든 관계를 전복시키라는 정언명령**과 더불어 끝난다."[327] 실제로 인간 존재에 대한 이러한 규범적 이해(이 시기에는 나-너-관계 속에 실현되는 인간의 유적 본질이라는 포이어바흐의 관념이 그 배후에 자리하고 있다[328])는 마찬가지로 인권선언 비판을 구조화한다. 이 비판에서 맑스는 특히 정치 이전의 인권(droits de l'homme)과 정치적 인권(droits du citoyen)의 구분을 목표로 한다.

맑스가 공산주의적 노동자 운동 입장으로 선회한 것은 인권선언 비판의 배경을 이룬다. 물론 공산주의적 노동자 운동 역시 자신의 깃발 위에 인권의 실현을 구호로 적어 놓았지만 말이다. 이때 맑스는 정치 이전의 인권을 생산수단에 대한 사적 소유자의 권리의 표현으로 해독한다. 그것은 "**시민[부르주아]사회의 구성원의 권리**, 즉 이기주의적 인간의, 인간과 공동체로부터 분리된 인간의 권리 […] 외에 다름 아니다."[329] 그에 따르면 정치 이전의 인권은 자신의 유적 본질로부터 소외된 인간을 선언하며, 무엇보다도 사유재산에 대한 권리 속에서 표현된다. "인권 속에서 인간이 유적 본질로 파악되기는커녕, 오히려 유적 삶 자체가, 사회가 개인에게 외적인 영역으로, 그들의 근원적인 자립성에 대한 제약으로 나타난다."[330] 정치적 공동체는 "이러한 소위 인권의 보존을 위한 단순한 수단으로 격하된다." 즉, [정치적] **시민**(citoyen)은 이기적인 **인간**(homme)에게 종속되며 "결국 시민으로서의 인간이 아니라, 부르주아로서의 인간이 본래의 **참된** 인간으로 간주된다."[331]

물론 맑스가 인권을 단순히 **부르주아**의 권리선언으로 비판할 때의 날카로움은 이미 1791년에 혁명적인 프랑스에서 노동자연합이 "자유와 인권에 대한 습격"으로 금지되었다는 사실[332]을 떠올려 보면 더 잘 이해될 것이다. 오로지 인권의 인정인가 불인정인가만을 묻는 비역사적인 고찰 방식은 18세기와 19세기에 소유에 대한 권리가 여러 차례 핵심적인 인권으로 고찰되었고 더 나아간 권리들 — 예컨대 정치적 참여의 권리 — 역시 오직 소유자들에게만 용인되었다는 사실을 망각한다. 인권에서 말하는 인간과 (사적) 소유자 사이에 맑스의 비판적인 동일시는 따라서 결코 단순한 논박이 아니다.

　부르주아 사회의 구성원으로서의 인격에 맞춰진 인권에 대한 [맑스의] 비판은 **부르주아**의 정치적 능력에 대한 헤겔의 불신과 일치하는 것처럼 보인다. 초기의 예나 시기 헤겔이 여전히 절대적 인륜성[333]이라는 개념을 추구했듯이, 맑스 역시 개인과 공동체 사이의 완성된 화해라는 "시민적 낭만주의(Citoyenromantik)"[334] 개념을 추구했다. 그러나 헤겔과 달리 맑스는 현재의 정치 공동체를 그 기저에 놓인 부르주아 사회의 표현으로 간주했다. "**정치적 국가의 헌정과, 독립적 개인들로의 부르주아 사회의 해체는** […] **하나의 동일한 행위 속에서 수행된다.**"[335] 따라서 인간의 유적 본질이라는 의미에서 인간적이라 불릴 만한 사회는 단순한 정치적 혁명을 넘어서는 혁명을 전제한다. 이 혁명은 부르주아 사회의 원자화된 부분들, 이기주의적 사적 소유자들을 변혁할 것이다. 맑스를 이렇게 이해해도 좋을 텐데, 부르주아 사회의 영역에서 개인들의 직접적인 사회화는 인간(homme)과 시민(citoyen)으로의 인간의 분열이 극복된, 소외되지 않은 사회성 일반의 토대를 형성할 수 있을 것이다.

　인권 문제에 대한 이러한 태도의 전환점이자 기준점은 의심의 여지없이 포이어바흐에 의해 제공된 인간의 유적 본질이라는 개념이다. [그에 따르면] 인간 존재는 이러한 본질을 통해 자신의 규범적 규정을 경험한다. "시민적 낭만주의"의 정신에서 비롯하는 이러한 사회비판의 근거 마련은 더욱 장기적이고 모순적인 과정 속에서, 부르주아 사회의 내적 모순을 비판의 척도로 삼는 "부르주아 사회의 해부"라는 관점 속에 극복된다.[336] 그런데 이러한 과정의 결과는 결코 분명하지 않다. 후기의 맑스에게서도 수많은 정식들 속에서 계속해서 사회적 관계의 직접적인 투명성이라는 사고가 등장한다.[337] 게다가 그에게는 인권과 시민권에 대한 그의 후기 입장을 더 정확히 제기할 수 있을 만한 충분하게 검토된 국가와 법에 대한 이론이 결여돼 있다. 그럼에도 불구하고 맑스의 정치경제학 비판에서의 "부르주아 사회의 해부"를 고려해 볼 때, 인권의 규범적 요소들을 그 자체 필연적으로 모순적인 것으로 증명하는 것을 목표로 삼는, 인권선언에 대한 변화된 비판의 토대를 인식할 수도 있다.

다시금 이를 위한 출발점은 인권이 그 사물의 근원(fundamentum in re)을 부르주아 사회에, 그것도 맑스가 "자유의, 평등의 그리고 '노동'에서 비롯하는 소유의 왕국"으로 표상했던[338] 단순 유통에 두고 있었다는 테제다. 그러나 "부르주아 사회의 표면"[339]으로서 유통에서 생산으로 이행함에 따라 이러한 가상은 사라진다. 이제 맑스는 [인권이라는] 이러한 아름다운 가상이 유통의 법칙이 손상되지 않는 한 생산의 영역에서는 적용되지 않는다는 결론에 도달했다.[340] 이에 관해서는 이미 상세히 언급된 바 있다.* 맑스에 따르면 임금노동자의 소유관계는 "그의 노동의 귀결이 아니라 전제"이며, "노동과 노동의 교환" — 임금과 노동력의 교환 — 은 노동자가 생산수단에 대한 소유를 갖지 못했으며, 오직 자신의 노동력을 판매할 수 있을 뿐이라는 사실에서 비롯한다.[341] 이를 통해 소유가 노동에서 비롯한다는 주장은 비진리로 입증된다.

여기서 맑스는 인권을 역사화하는데, 이는 단지 그가 인권을 현재 사회적 관계의 표현으로 파악한다는 것만을 뜻하지 않는다. 그는 무엇보다 이러한 사회적 관계에 대해 인권이 갖는 모순을 환기하며, 이를 통해 이 사회적 관계가 갖는 불충분함, 특히 보편성의 결여를 지적한다. 결과적으로 맑스의 부르주아 사회에 대한 해부는 시민의 낭만주의의 이름으로 수행된 초기의 인권선언 비판을 확인한다. 그러나 동시에 인권의 환상을 파괴하

---

* 이 책의 7장을 참조할 것.

는, 그것의 역사적 성격에 대한 통찰과 더불어, 인권의 기각이 자유에 대한 사유의 가치를 폄훼하는 것은 아니다. 맑스 역시 그가 자유의 왕국의 설립이라는 목표를 통해 노동자계급의 해방에 관해 언급했을 때[342] 이러한 자유에 대한 사유를 요청했던 것이다.

9. 보론: 맑스에게서 인권의 문제

10. 헤겔의 변증법과 맑스[343]

일반적으로 헤겔 철학에 대한 맑스의 관계는 자유의 개념과 자유의 역사의 지평에서가 아니라, '변증법'에 관한 이해의 지평에서 논의된다. 이것은 결국 레닌에서 비롯하는 것인데, 그는 1차 세계대전 직전, 제2인터내셔널에서 왜곡된 헤겔에 대한 맑스의 관계[344]를 재발견했으며, 베른에서의 망명 생활 중에 헤겔 『논리학』에 대한 연구를 내놓았다.[345] 이것은 10월 혁명의 결과로 서구의 헤겔-맑스주의가 성립되는 데 결정적인 계기로 작용하기도 했다.[346] 그 이래로 "관념론적" 변증법과 "유물론적" 변증법에 관한 논쟁들이 진행되었고 여전히 진행되고 있다. 여기서 단순히 이러한 논쟁으로 넘어갈 수는 없는데, 왜냐하면 헤겔에게서 변증법은 동시에 완성된 자유 개념을 표현하는 절대적 방법으로서 절대이념에서 응축되기 때문이다.

맑스는 1858년 5월 31일 페르디난트 라쌀레(Ferdinand Lassalle)에게 보낸 편지에서 막 출간된 라쌀레의 책 『에페소스의 어두운 자 헤라클레이토스(Herakleitos der dunkle von Ephesos)』에 관해 다음과 같이 적는다. "나는 이 책 자체에서 헤겔 변증법에 대한 당신의 관계에 관한 **비판적인** 언급들을 찾기를 소망했습니다. 헤겔의 변증법이 무조건적으로 모든 철학의 마지막 단어일지라도, 다른 한편으로는 변증법이 헤겔에게서 갖는 신화적인 가상으로부터 그것을 해방시켜야 한다는 것 역시 필연적입니다."[347] 라쌀

레에게 편지를 쓰기에 앞서 몇 달 전에 맑스는 — 이미 알려져 있고 많이 인용되듯이 — 엥겔스에게 다음과 같이 표현한다. "그런 작업을 할 수 있는 시간이 생긴다면, 나는 헤겔이 발견한, 그러나 동시에 신비화시킨 방법상의 합리적인 것을 인쇄용 전지 2매 또는 3매 분량으로 보통의 인간 지성이 이해할 수 있게 만들려는 커다란 의욕이 있다네."[348] 보통의 맑스의 서술 분량에 맞춰진 이 계획 — 인쇄용 전지 3매는 48쪽이다 — 은 잘 알려져 있다시피 실현되지 못했다. 물론 맑스는 10년 뒤 이렇게 설명한다. "내가 경제적인 부담에서 벗어나면, 나는 '변증법'에 관해 쓸 것입니다." 그러나 이 역시 단순한 예고에 그치고 말았다.[349]

도대체 맑스에게서 대안적인 "변증법" 개념으로 이어질 수 있는, 철저히 수행된 헤겔 비판이라는 것이 존재하는 것인가? 일반적으로 이러한 질문에 대한 답변은 『자본론』 그리고 토르소(Torso)로 남은 이 저작을 준비하기 위한 수고(手稿)들에서의 헤겔에 관한 언급들을 통해 제시된다. 그럼에도, 실재철학의 맥락에서 논리적 형태들을 사용하는 것은, 비-헤겔적 변증법에서라면 핵심을 차지해야 할, 논리적 규정들의 내적 연관에 대한 더할 나위 없는 결론을 허용한다.* "변증법의 한계"에 관한 맑스의 언급은 자본주의 생산양식의 체제가 절대적, 자기 관계적인 모델로 파악될 수 없음

---

* 흔히 헤겔 변증법에 대한 맑스의 비판을 언급하기 위해 해석가들은 물구나무 선 헤겔의 방법을 두 발로 서게 만들었다는 『자본론』에서의 맑스의 언급을 제시한다. 그러나 맑스 자신의 이러한 언급에도 불구하고, 아른트는 자본주의적 관계를 처음부터 구체적 현실로 고찰한 것이 아니라 '추상에서 구체로'의 방법에 따라, 상품-화폐-자본의 논리적 연관 관계 속에서 추상적, 논리적 범주들의 운동으로 서술하는 맑스의 방법은 그 자체 헤겔 변증법의 적용이라고 본다. 즉, 아른트는 '실재철학의 맥락에서 논리적 형태들'을 사용하고, 이를 위해 '논리적 규정들의 내적 연관'으로 나아가는 『자본론』의 방법은 근본적으로 헤겔 변증법의 모티브와 동일한 것이라고 주장한다. 따라서 이러한 주장에 따르면, 맑스가 『자본론』에서 '논리적 규정들의 내적 연관'을 중요시한 것은 맑스의 '비-헤겔적 변증법'을 증명하는 것이 아니라, 오히려 그가 일반적인 이해 방식보다 더욱 더 헤겔에 근접하고 있었음을 보여 준다.

을 말해줄 뿐 헤겔 비판으로서는 그다지 설득력이 없는데, 왜냐하면 객관정신 영역에서의 부분적 체계들이 절대적이지 않다는 것에 대해서는 헤겔 역시 언제든 시인할 것이기 때문이다. 맑스는 이것을 잘 이해할 만큼 충분히 헤겔을 알고 있었다. 따라서 우리는 맑스가 헤겔 변증법을 실제로 모든 철학의 마지막 단어로 간주했다고, 즉 『논리학』의 이론적 수준에서는 자신만의 고유한 개념을 가지고 있지 않았으며, 헤겔의 『논리학』을 그가 개별 과학의 맥락에서 실험적으로 사용할 수 있는 변증법적 사유 형상들의 보존고로 여겼다고 가정해 볼 수 있을 것이다. 그러나 그렇다면 자신의 "변증법적 방법"이 "그 토대에서 헤겔의 것과 다를 뿐만 아니라 정반대"[350]라는, 꾸준히 반복되는 맑스의 주장은 무엇을 의미하는가?

　『자본론』 2판의 후기에서 맑스는 그가 "헤겔 변증법의 신비스러운 측면을 […] 그것이 당시의 유행이었던 거의 30년 전에 비판했다"고 주장한다.[351] 이 후기의 날짜는 1873년 1월 24일로 기록돼 있다. 따라서 "거의 30년 전"이란 — 맑스가 정확히 기억한다면 — 1844년 또는 그 직후를 말하는 것이다. 여기서 맑스가 오직 『신성가족』(1845)과 같은 출판되어 접근 가능한 문서들만을 언급하는 것인지 아니면 『헤겔 법철학 비판』(1843) 수고, 『파리 수고[경제학-철학 수고]』(1844), 『독일 이데올로기』(1844/45)와 같은 출판되지 않은 글들까지 말하는 것인지는 불분명하다. "신비로운", "신비화" 등과 같은 맑스의 용법이 상대적으로 안정적이기 때문에, 이러한 문제틀은 그에 반해 제대로 취급되기 어렵다. 맑스가 헤겔 변증법의 "신비로운 측면" 또는 "신비화된 형태"를 통해 말하고자 하는 것은 무엇일까?[352]

　첫째 답변은 『자본론』 1권에서의 1873년의 서술에서 직접적으로 발견된다. 우리는 여기서 "상품의 신비로운 측면"[353]이 하나의 "혼동(Quidproquo)"에서 비롯한다는 사실을 읽어 낸다. "상품 형식의 비밀은 단순히 그것이 인간에게 그들 자신의 노동의 사회적 성격을 노동생산물 자체의 대상적인 성격으로, 이 사물들의 사회적 자연 속성으로 비춰지며, 따라서 생산자들이 총노동에 대해 맺는 사회적 관계 역시 그들 외부에 존재하는 대상들의 사회적 관계로 드러난다. 이러한 혼동(Quidproquo)을 통해 노동생산물은 상품, 즉 감각적이고 초감각적인 또는 사회적인 사물이 된다."[354]

그렇다면 헤겔 변증법에서 신비화하는, 신비화된 것은 무엇인가? 이것은 이미 크로이츠나흐에서 작성된 수고 『헤겔 법철학 비판』(1843)에서 분명히 드러난다. 맑스에 따르면 [헤겔에게서] "경험적 현실은 있는 그대로 받아들여진다. 그것은 또한 이성적인 것이라고 말해진다. 그러나 그것은 그 자신의 이성에 의해 이성적인 것이 아니라, 경험적 사실이 그 경험적 실존 속에서 그 자신과 다른 의미를 갖기 때문에 이성적인 것이다. 출발점을 이루는 현실은 그 자체로서가 아니라 신비스러운 결과로 파악된다. 현실적인 것은 현상이 된다. 그러나 이념은 이러한 현상 이외에 어떠한 내용도 갖지 않는다. 이념 역시 '스스로 무한한 현실적 정신이어야 한다'는 논리적인 목적 이외에 다른 목적을 갖지 않는다. 이 단락에서 법철학 그리고 헤겔 철학 전체의 모든 신비화가 표현되고 있다."[355] 경험적 현실은 이념의 자기 운동의 표현이자 결과로 파악되고 이를 통해 하나의 혼동 또는 신비화가 나타난다. 경험은 그 자체와 다른 것을 의미하게 된다. 맑스가 결국 소박한 경험주의자가 아닌 한에서, 이것은 이념이 현상하는 현실의 내적 연관으로 표현되지 않고, 현상하는 현실이 — 맑스의 관점에 따르면 — 그것에 외적인 연관으로 기입된다는 의미로, 즉 이념의 자기 관계("스스로 무한한 현실적 정신이다")를 뜻하는 것으로 이해될 수 있을 것이다.

물론 이러한 전도의 형상은 포이어바흐에 의해 도출된 주어와 술어의 혼동이라는 도식에 입각한 것이다. [포이어바흐의 책] 『기독교의 본질』에 나오는 종교 비판에 제시된 투사(投射) 테제(Projektionsthese)는 이와 연결되는, 세속화된 신학으로서 헤겔 철학과 사변철학 전반에 대한 비판과 마찬가지로 [전도에 대한 비판을] 수행한다. 실제로 앞에서 인용된 맑스의 수고에서는 바로 이러한 방향을 가리키는 정식화들이 발견된다. "술어들의 현존은 주어다. 그러므로 주어(Subjekt)는 주체성(Subjektivität) 등의 현존이다. 헤겔은 술어, 즉 객체를 자립화하지만, 그는 그것을 그 현실적 자립성으로부터, 즉 그것의 주어로부터 분리하면서 자립화한다. 현실적인 주어로부터 출발하고, 그것의 객체화가 고찰돼야 하지만, 이후에 현실적인 주어는 결과로 현상한다. 따라서 신비로운 실체가 현실적 주체가 되며 실재하는 주체는 다른 것으로, 신비로운 실체의 계기로 현상한다. 헤겔이 실재하는 실체(ὑποκείμενον, 주어) 대신에 술어로부터, 보편적인 규정으로부터 출발한다는 바로 그 이유 때문에, 신비로운 이념이 이러한 담지자가 된다."[356] 맑스가 사용한 정식화를 좀 더 정확히 들여다보면, 그가 결코 포이어바흐의 노선에서만 움직인 것은 아니라는 사실이 드러난다. 즉, 포이어바흐에게서 주술 혼동은 인간학적인 전환과 결합되어 있다. 그에게 참된 주어[주체]는 — 인격성과 자기 관계성이라는 의미에서 — 다시금 자신의 권리를 주장하는, 상상적인 신적 주체에 투영된 규정들을 다시 되돌려받으려 하는 인간이다. 이에 반해 맑스에게서 참된 주어[주체]는 포이어바흐가 강조하는 규정들의 의미에서 인간학적인 본성이 아니라, 실체(hypokeimenon)라는 의미에서 **주어(sub-iectum)***, 즉 맑스에 따르면 실제

---

* 보통 기체(基體) 또는 실체 등으로 번역되는 희랍어 ὑποκείμενον(hypokeimenon)는 '밑에-깔려 있는 것'이라는 의미에서 비롯한 단어다. 이후 로마의 철학자 보에티우스에 의해 이 단어는 라틴어 subiectum(아래로 던져진 것)으로 번역되는데, 이 단어가 이후 '주어' 또는 '주체'라는 의미를 갖는 subject(Subjekt)로 파생되었다. 맑스는 이와 같은 철학적 어원들을 토대로 주체 또는 주어란 '밑에 깔려 있는' 존재자로서의 기체일 수밖에 없으며, 결코 헤겔이나 관념론 철학자들이 생각하는 사유나 이념일 수 없다고 주장한다.

로 근거에 놓여 있는 것이지, 강한 의미에서 — 적어도 필연적으로 — 자기 관계적인 것이 아니다.

이러한 헤겔 철학의 주체성 패러다임, 즉 결국은 절대이념의 자기 관계성은 맑스에게는 명백히 "신비화"의 핵심이다. 1843년의 헤겔 법철학에 대한 크로이츠나흐 수고에서 비판은 이 지점에서 시작한다. 이때 맑스는 "현실적" 대립들의 매개 불가능성을 확인하고, 통일성이 아니라 "하나의 **본질적인 모순**"(즉 두 본질의 모순)을 본질로 갖는 "현상의 모순을 본질에서의, 이념에서의 **통일성으로**" 파악한 것을 "헤겔의 주요 오류"로 고찰한다.[357] 맑스가 『신성가족』(1845)에서 펴낸 내용도 여기에 상응한다. 여기서 그는 절제 있는 유머를 통해 "사변"의 신비화 과정을 묘사하는데, 그것은 서로 다른 종류의 결실들의 실체로서의 결실을 "하나의 살아 있는, 자기 내에서 구분되는, 운동하는 본질"로 파악함으로써 "현실적 가상의 내용에 도달하기 위해", 추상을 "**사변적인, 신비로운 방식으로**" 제시하기 위해 서로 다른 결실들로부터 "추상이라는 하나의 '결실' — **바로 그 결실**"을 만들어낸다. "이러한 과정을 사변적인 어법으로 **실제를 주체로, 내적 과정으로, 절대적 인격으로 파악**한다고 말한다. 그리고 이러한 개념 파악은 헤겔적 방법의 본질적 성격을 형성한다."[358] 다른 구절에서는 헤겔이 "인간과 자연의 현실적 연관의 자리에, 전체 자연이자 전체 인류인 절대적 주체-객체, 즉 절대정신을"[359] 정립한다고 묘사된다.

맑스는 헤겔의 논리적 이념 속에서 명백히 실재의 연관으로부터의 추상에서 비롯하는 사유의 자립화를 발견한다. 이와 함께 맑스는 헤겔 철학이 가장 추상적으로 보이는 규정들에 이르기까지 경험적으로 가득 차 있으며, 근거 없는 사변의 귀결은 아니라는 점을 인정한다. 그러나 이때의 맑스는 헤겔이 『논리학』의 수준에서 취하는, 개념적-범주적 연관들에 대한 고유한 반성의 지위에 관한 물음을 간과한다. 더 정확히 말하자면, 이러한 — 대안적인 변증법 개념이 포기할 수 없을 — 이론적 수준이란 맑스에게서 나타나지 않는다. 그것은 경험적 과학의 이름으로 제시되는, 철학으로부터의 작별 선언을 위한 희생물로 전락해 버렸다. 이와 관련하여『독일이데올로기』의 다음과 같은 정식화는 징후적이다. "경험적 관찰은 모든 개별적인 사례들 속에서 사회적이고 정치적인 구성과 생산의 연관성을 경험적으로 그리고 모든 신비화와 사변 없이 제시해야 한다."[360]『독일 이데올로기』에 만연해 있는 이러한 경험주의가 갖는 나이브함에 대해서는 더 말할 필요가 없다. 이론적으로 더 흥미로운 것은 이론에서의 사유 규정들의 연관이 오로지 "이러한 사유가 그 경험적 토대를 매개로 해서 현실적으로 상호 결합되기 때문에 가능하다"는 주장이다.[361] 사유 규정들이 그 경험적 토대로부터 분리된 채 "단순한 사유"로 파악된다면, 그것은 — 맑스에 따르면 — "자기 구별들, 사유에 의해 만들어진 구별들"로 될 것이며, 이를 통해 "신비로운 연관"으로 이어질 것이다.[362]

여기서 맑스가 말하는 것은 그의 관점으로 남게 된다.『요강』의 방법론 장(章)에서의 다음과 같은 설명은 여기에 매끄럽게 연결된다. "따라서 헤겔은 실재적인 것을 스스로 자기 내로 응집되는, 자기 내로 심화되는 그리고 자기 자신으로부터 스스로 운동하는 사유의 결과로 파악하는 환영에 빠진다. 반면 추상에서 구체로 상승하는 방법은 구체를 전유할 수 있는, 그것을 정신적으로 구체적인 것으로 재생산할 수 있는 유일한 사유의 종류다. 그러나 그것은 결코 구체 자체의 생성 과정은 아니다."[363] 그리고『자본론』에서도 앞서 인용된 2판 후기에서 이와 내용적으로 일치하는 다음과 같은 구절이 나온다. "헤겔에게서 그가 이념이라는 이름으로, 오로지 자신의 외적 현상을 형성할 뿐인 자립적 주체로 만들어 버린 사유 과정은 현실적인 것의 조물주다. 나에게서는 거꾸로 이념적인 것은 인간 두뇌 속에 전도된 그리고 번역된 물질적인 것 외에 아무것도 아니다."[364]

이에 따르면 신비화는 물질적인 것을 이념적인 것으로 잘못 번역함으로써 비롯한다. 맑스에 따르면 이러한 오류는 사유 규정들의 연관이 사유로부터의 연관으로 신비화되는 데에 놓여 있다. 여기서 신비화는 하나의 혼동에서 비롯한다. 혼동되는 것은 실체(hypokeimenon)로서 주어[주체]다. 경험적 현실이 이념을 통한 사유로 되는 것이다. 그러나 신비로운 주어/실체는 그것이 순수 자기 관계성의 지위를 통해 설명되는 한에서 이제 다시금 전반적으로 신비화된다. 1843년 이래 맑스가 보여 주고자 했듯이, 이것은 "사태의 논리" — 즉 실재 연관들 — 에 대한 주요한 개입인데, 맑스가 보기에 이 연관들은 근본적으로 그러한 자기 관계성으로 특징지을 수 있는 것이 아니기 때문이다.

그에 따르면 헤겔적인 사유 규정들을 사용하기 위한 척도는 오직 유일하게 경험적 연관들의 이해와 서술에 그것이 주는 유용함이지 그것의 고유한 철학적 체계적 정당화가 아니다. 맑스는 후자의 측면에 대해서는 거의 아무런 관심도 없었던 것처럼 보인다. 그는 청년헤겔주의자들이 선포했던 철학으로부터의 탈출을 고수하고자 했다. 그러나 그는 — 이미 그의 청년기에서도 — 이러한 탈출을 철학에 대한 추상적 부정으로서 수행하려 하지 않았으며, 오히려 철학적 사유 형태들이 개별 과학적 문제틀의 해명에 기여하는(할 수 있는) 한에서, 철학적 사유 형태들을 통해 개별 과학적 분석들에 개입함으로써 이를 수행하고자 했다. 변증법과 관련하여 이것은 예컨대 사회적 현실의 연관을 규정하기 위해 개별 과학적인 협소함을 넘어 역사적으로 특정한 총체성들이 재구성되어야 하는 경우에 적용된다.

이로부터 헤겔의 (또는 다른) 철학에 대한 추상적 부정도, "참된" 철학적 대안도 도출되지 않는다. 맑스는 전자를 실행하지 않았으며, 후자는 그의 주제가 아니었다. 나는 헤겔 변증법에 대한 맑스의 관계와 관련해, 특수한 과학과 철학의 이 특수한 결합을 시야에서 놓칠 경우 근본적으로 오류에 빠질 것이라고 생각한다.

다시 말하자면, 『논리학』과 비교될 수 있는 이론적 수준에 뿌리내린 맑스적인 변증법이란 — 대안적 기획으로서도 — 존재하지 않는다. 그리고 내 견해로는 맑스가 결코 쓰지 못한, 소위 인쇄 전지 두어 장 분량이, 맑스가 헤겔의 신비화라고 부른 것에 대한 지적들과 경험적-개별 과학적인 그리고 그런 한에서 신비화되지 않은 헤겔적 사유 형태들의 용례들 이상을 과연 포함할 수 있었을지 매우 의심스럽다. 우리는 맑스에게서 그 이상을 추측할 어떠한 정당화된 근거도 갖지 못하고 있다.

그러나 이것이 의미하는 바는 우리가 이러한 발견에 만족할 수 있다는 것이 아니다. 헤겔의 『논리학』에 대한 맑스의 관계가 경험적-과학적으로 역시 정당하다 해도 그것은 철학적으로 충분하지 못하며, 이는 "참된" 철학에 대한 관심으로부터 비롯하는 것이 아니라, 오로지 그가 철학에 관련된 것뿐 아니라 철학 자체에 대해서도 너무나 많은 정당한 질문들을 답변하지 않은 채 남겨 놓았기 때문이다. 나는 여기서 몇 가지 사례들을 제시해 보겠다.

(1) 헤겔이 사유 연관들을 그 경험적 토대에 대해 자립화한다는 비난은 나의 견해로는 공허하다. 왜냐하면 헤겔은 사유 규정들의 연관성 그 자체를 주제화하며, 즉 사유 수단들(범주들)의 연관성을 상호 관계 속에서 주제화하기 때문이다.

(2) 이와 함께 『논리학』의 지위와 가능성에 대한 질문 — 그것이 헤겔과 함께 수행되는가 아니면 헤겔에 반대하여 수행되는가 — 은 답변되지 않

10. 헤겔의 변증법과 맑스

은 채 남아 있다. 예컨대 — 헤겔에게서 변증법적 방법인 — 절대적 방법이 오로지 헤겔이 말한, 경험적으로 정향된 "탐색하는 인식" 속에서 존립할 수 있는 것인가, 혹은 순수 사유의 완결성이 헤겔에게서 실제적으로 정당화될 수 있는 사유 규정들의 내적 체계성 속에 그 근거를 갖는 것인가를 시험해 봐야 한다. 이로부터 『논리학』(또는 그 이론 기술적 등가물)과 실재적 학문들 사이의 관계에 대해 규정될 수 있을 것이다. 이에 대해 맑스는 완전히 무지한 상태였다.

(3) 이는 맑스가 — 아마도 강령적으로 — 여전히 (엥겔스와 마찬가지로) 특수한 과학이 총체화적인 그리고 학제를 뛰어넘는 절차들을 스스로 발전시킬 수 있을 것이라고 믿었다는 것과 관련이 있는 것처럼 보인다. 그리고 이러한 절차들은 관계성의 사유로서의 철학적 이성을 대체할 것이었다. 나는 이것이 가능할지에 관해 회의적이다.

나는 여기서 논의를 전환하고자 한다. 이것은 맑스가 우리를 홀로 남겨놓은 전장이다. 헤겔의 사유 규정들에 대한 맑스의 관계로부터 우리는 확실히 여전히 많은 것을 배울 수 있다. 그러나 우리는 — 맑스와 함께 그리고 맑스에 반대해서 — 개념의 노동을 우리의 과제로 떠안아야 하며, 또 — 변증법적 — 이성 자체를 사용할 용기를 가져야 한다.

역사와 자유의식

11. 완성된 자유의식: 절대이념

절대자에 관해 말하지 않으려는 자는 헤겔에 관해 침묵해야 한다.* 헤겔 철학은 바로 이성이 절대자를 인식할 수 있다는 주장에서 생명을 얻는다. 헤겔에게서 절대이념은 "철학의 유일한 대상이자 내용"이다. 절대이념만이 "존재, 불멸의 생명, 자신을 알고 있는 진리이자 모든 진리"다.[365] 여기서 헤겔에 따르면 "인격성을 갖는" 개념은 절대이념 속에서 절대적 방법으로 파악된다. 그러한 정식화는 자동 반사적으로 하나의 의심의 해석학을 출현시킨다. 방법 – 진리 – 생명, 이는 그리스도가 자신을 "길이요 진리요 생명"이라고 말했던 「요한복음」 14장 6절의 3화음을 떠올리게 한다. 헤겔 역시 이를 의도했을 수 있다. 결국 철학은 종교의 진리이며 종교 이외에 다른 대상을 갖는 것이 아니기 때문이다. 또는, 자주(그리고 잘못) 인용되는 『논리학』의 구절에서 보듯, 순수 사유의 왕국은 "은폐됨 없이 즉자 대자적으로 진리 자체. 따라서 이러한 내용은 자연과 유한한 정신의 창조에 앞선 영원한 본질 속에서의 신의 현시라고 표현할 수 있다."[366]

여기서 근거 없는 형이상학이 추진되고 있다는 의심이 일찌감치 제기

---

* 이 문장은 "자본주의에 관해 말하지 않으려는 자는 파시즘에 관해서도 침묵해야 한다(Wer aber vom Kapitalismus nicht reden will, sollte auch vom Faschismus schweigen)"라는 호르크하이머의 유명한 문장을 차용한 것이다. 호르크하이머의 이 문장은 1939년 출간된 「유대인과 유럽(Die Juden und Europa)」이라는 논문에 실려 있다.

되어 맑스주의자들 외부에서도 확산되었다.[367] 반면 레닌은 다름 아닌 절대이념에 관한 장 속에서 관념론이 가장 적게 발견된다고 주장한다.[368] 그러나 헤겔에 관한 연구 문헌들 역시 — 루도비쿠스 데 보스(Ludovicus De Vos)의 도발적인 작업[369]을 제외하면 — 지금까지 절대이념에 대해서는 주변적인 위치만을 부여했을 뿐이다.[370] 특히, 절대이념이 헤겔의『논리학』뿐만 아니라 특히 실재철학에 관해서도 무엇을 의미하는가 하는 것은 전적으로 충분하게 해명되지 못했다. 그리고 바로 이 질문이 우리의 논의에서 가장 큰 관심을 차지한다.

가장 우선적으로 절대이념은 **논리적** 이념이다. 이것은『논리학』이라는 절대이념의 장소만을 의미하는 것이 아니라, 동시에 실재철학에 대한 문제적 관계를 지칭하는 것이기도 하다. 달리 말하자면, 절대이념이 어떤 의미에서 (변증법적) 방법으로서 "실재 변증법"이라는 의미로 파악될 수 있는가 하는 것이 해명되어야 한다. 절대이념은 헤겔이 순수 사유라고 부른 것의 틀 속에서의 방법이다. 그것은 시초적인 추상으로부터, 즉 순수 사유이고자 하는, 따라서 모든 추정된 사전지식, 모든 선입견, 주관적 상상 등을 떨쳐 내고자 하는 주체의 자의적 결단에서 비롯한다.[371] 말하자면 이것은 사유와 구별되는 하나의 특정한 내용을 사유하기보다는 사유 자체에 대한 관찰 — 사유에 대한 사유 — 만을 남겨 놓는 완성된 회의주의다. 마찬가지로 논리학은 순수 존재의 무규정성에서 시작한다. 순수 존재는 이미 이러한 무규정성으로 인해 무로 이행하였다. 나는 여기서 이러한 과정을 따라가려는 것은 아니다. 다만 다음과 같은 사실은 확인될 수 있다. 우리는 사유를 고찰하기로 결단하고, 그러면서 이를테면 사유 규정들이 어떻게 서로에 의해 도출되며 하나의 체계적 전체로 구조화되는가를 관찰한다. 이러한 방식으로『논리학』은 사유의 자기 이해를 발전시킨다. 종국적으로 이는 개념이 완전히 개념화될 때 발생하며, 바로 이것이 "절대이념"
이 뜻하는 것이다. 오인과 성급한 유추를 방지하기 위해서는 이것이 강조
되어야 할 텐데, 변증법적 방법은 우선적으로 오로지 개념을 통한 개념의
자기 이해와 관련된 것이다.

　이것을 확인하고 나면, 절대적 방법이라는 언급 속에 놓여 있는 것은 결
코 신비주의가 아니다. 우리가 순수하게 사유하겠다는 결단과 함께『논리
학』에 접근한다면, 우리가 인식하는 것은 우리가 범주적 규정들과 개념들
하에서 사유를 주제화한다는 사실, 그것도 이중적 관점에서 그렇게 한다
는 사실이다. 우리는 사유 규정들 그 자체를 파악하기 위해 이러한 사유 규
정들을 수단으로 사용한다. 이러한 관점에서 개념은 결국 여전히 개념하
고만 관계할 뿐이며, 그러한 순수 자기 관계를 절대적이라 일컫는데, 왜냐
하면 그것은 타자, 즉 개념이 아닌 것에 의존하지 않기 때문이다. 따라서
절대자란, 순수 사유 속에서 개념이 개념 자체와 관계한다는 것 이외에 다
른 어떤 것이 아니다. 그리고『논리학』의 과정 자체 속에서 드러나는 이러
한 관계의 종류와 방식이 방법이다. 절대자란 정확히 이러한 의미에서 방
법이며, 그 이상의 어떤 것도 아니다.

　이 때문에 헤겔은 방법이란 "개념의 운동 자체"라고 말한다. 이 운동은
이미 인식되어 있지만, 그러나 그것은 "이제 개념이 모든 것이며, 그 운동
은 보편적인 절대적 활동이라는 의미를 통해"[372] 인식된다. 이것은 논리 자
체의 과정으로부터 관점의 이동을 의미한다. 왜냐하면 이제 중요한 것은
더 이상 개념 자체가 비로소 개념이 되는 과정 ― 존재 논리에서 본질 논리
를 거쳐 개념 논리로의 과정 ― 을 쫓아가는 것이 아니라, 이 과정이 어떻
게 이미 전개된 개념이라는 전제, 즉 개념이 개념 자신 안에서의 본래적인
행위자(agens)라는 사실이 분명한 상황에서의 개념이라는 전제 하에서 표

현되는가를 회고적으로 고찰하는 것이기 때문이다. 이에 따르면 방법은 단순히 개념 자체와 일치하지 않는다. 오히려 방법은 개념으로서의 활동성 속에서, 더 정확히 말하자면 개념 자체로 자신을 파악하는 개념의 활동성 속에서 개념의 본질이다.

이 지점에서 다시금 헤겔은 "우리", 즉 순수 사유의 과정을 함께 수행하는 특수한 개인들로 되돌아간다. 우리는 순수 사유를 하겠다는 우리의 결단으로부터 귀결되는 것을 넘어, 새로운 관점을 받아들여야 한다. 우리는 순수 사유의 결과, 즉 개념을 순수한 사유 규정들 자체의 전개에 적용하겠다고 결단해야 한다. 바로 이것이 개념을 개념에 관한 지식의 수단을 위한 방법으로 만든다. 헤겔의 표현을 차용하자면, "개념이 스스로 고찰되듯이, 개념은 그 직접성 속에서 드러난다. 반성 또는 개념을 고찰하는 개념은 우리의 지식으로 개입해 들어온다."[373]

여기서 표현되는 것, 즉 개념을 둘러싼 지식이 우리의 지식이라는 점은 기존의 『논리학』 해석에서는 결코 분명히 성찰되지 못했다. 결정적인 것은, 개념 자체를 통한 개념의 고찰이 성공하는 것은 우리가 개념적 수단을 가지고 개념을 규정하기 때문이라는 사실이다. 그에 따르면 개념을 고찰하는 우리의 지식은 방법과 일치한다. "방법은 이러한 지식 자체이며, 개념은 지식에 대해 단지 대상일 뿐만 아니라 지식의 고유한, 주체적 행위로서, 인식 활동의 도구이자 수단으로서, 인식 활동과는 구분되는, 그러나 그것의 고유한 본질이다."[374] 개념에 관한 우리의 지식으로 방향을 전환함에 따라, 즉 개념에 관한 우리의 개념적 반성에 대한 반성 속에서 비로소 방법이 시야에 들어오게 된다. 우리가 관점의 전환을 실행하고 그것을 개념에 대한 개념화로 성찰함으로써, 우리는 이제 우리의 순수 사유(사유 자체에 대한 사유)를 방법과 동일시하는 것이 아니라, 우리가 그것을 방법으로서 동일시[정체화]하는 것이다. 방법이 적용되고 우리가 그것에 덧붙일 수 있을 또 다른 사유는 여기에 존재하지 않는다. 방법은 "이러한 지식 자체"이며, 헤겔이 분명히 말하듯, "우리의 지식"이다.[375] 개념은 오로지 우리의 사유 속에서 개념화될 뿐이다.

그럼에도 불구하고 우리의 사유와 방법으로서의 절대이념 사이에는 하나의 차이가 남는다. 이 차이는 개념에 관한 지식인 우리의 사유에 대한 주관적 수행이, 우리에게 그리고 각각의 [사유의 주관적] 수행에 의존하지 않는 논리를 따르는 것에서 비롯한다. 그것은 칸트가 순수이성의 체계로 이해했던 논리를 말한다. 이 논리는 순수 사유 규정들의 체계적인, 즉 필연적인 귀결이다. 그런 한에서 이 순수 사유 규정들은 사유의 모든 수행에 전제되어 있고 그 근거를 이루는 사유의 연관성을 형성한다. 달리 말하자면, 우리가 생각함으로써 무언가를 규정할 때, 우리는 보편적 본성을 갖고 상호 관계 속에 서 있는 사유 규정들을 토대로 우리가 규정하는 것의 요소들을 구별하며 또 관계를 맺어 준다. 그런 한에서 중요한 것은 우리의 주관적 사유를 포괄하는, 우리에 대해 선험적인 구조이며, 우리는 모든 사유 속에서 암암리에, 심지어 우리가 그것을 아예 또는 불완전하게 의식하고 있을 때조차 이 구조를 요구한다. 우리가 이러한 사유 규정들의 — 즉 범주들의 — 구조 또는 연관성을 구성하는 것은 아니며, 이러한 연관성이 우리로부터 독립적인, 다만 우리가 우리의 개념 활동 속에서 명시적으로 만드는 필연성을 갖는 것이다. 내가 보기에 이것은 헤겔이 이러한 관계 자체에 대한 (범주에 대한) 반성으로서 우리의 반성을 — 객관적[목적격] 소유격 명사(genetivus objectivus)와 주관적[주격] 소유격 명사(genetivus subjectivus)라는 이중 의미에서* — 파악할 수 있었던 근본적인 이유인 것 같다. 우리

---

* 라틴어나 독일어 모두 명사에 '격변화'가 발생하는데, 소유격 변화를 하면 명사에 '~의'라는 소유의 의미가 생긴다. 그런데 이와 같은 소유격 격변화로 만들어진 단어들은 의미의 이중

는 절대자를 사유함으로써 절대적으로 사유한다. 그러나 우리가 절대자를 사유할 수 있는 것은 우리 자신이, 우리가 절대적인 것으로 사유하는 연관성의 계기이기 때문이다. 그런 한에서, 개념적 수단을 통한 개념의 개념화 속에서 "주체, 방법 그리고 객체는 [⋯] 하나의 동일한 개념으로 정립되어 있다."[376]

그렇다면 헤겔의 변증법적 방법은 "현실"(그것이 무엇을 뜻하건)에 대해 어떤 관계를 맺고 있는가? 이 질문 중 하나의 양식, 즉 이러한 절대적 방법을 수행하는 "담지자"는 어디에 위치해 있는가라는 질문에 대해서는 적어도 부분적으로는 이미 답변되었다. 짧게 말해, 그것은 사회적 개인들(사회적인 이유는 헤겔이 인간을 항상 오로지 공동체적으로 그리고 공동체적 자연 관계 속에서 주제화하기 때문이다)이다. 그리고 이렇게 요약해 볼 수 있을 것인데, 그것은 그들의 '세계'에 대한 이론적인 그리고 실천적인 자세를 의미한다. 이러한 자세는 가장 보편적인 형태로 변증법적 방법의 토대를 형성한다. 헤겔이 말했듯이 "절대이념은 [⋯] 이론적 이념과 실천적 이념의 동일성"이기 때문이다.[377]

그러나 방법이 '세계' 자체와, 즉 실재철학적 지식의 대상 또는 차라리, 초월론 철학적 의미에서, 실천적인 관점에서의 우리의 인식 방식, 곧 대상들에 대한 우리의 행동 양식과 관계하는가? 이 물음을 청년 맑스와 관련해

화를 겪기도 한다. 예컨대 '관념론 철학의 비판'이라는 말을 써보자. 독일어로는 Kritik der idealistischen Philosophie라고 쓸 수 있다. 그런데 이 말에서 '관념론 철학의'라는 소유격 명사는, '관념론 철학이'(주격) 다른 철학을 비판했다는 의미로도, 거꾸로 다른 누군가가 '관념론 철학을'(목적격) 비판했다는 의미로도 읽힌다. 이처럼 소유격은 주격과 목적격의 이중 의미를 피할 수 없다. 우리는 사유한다. 그런데 우리가 사유한다는 것은 동시에 우리의 생각이 구조화된다는 것을 뜻하기도 한다. '우리의 반성'은 이처럼 '우리가 수행하는 반성'이라는 의미와, '우리에 대한 반성'으로 이중화된다. 이러한 설명을 통해 저자는 우리의 사유를 근본적으로 구조화하는 순수 사유 규정의 관계 자체에 대한 반성이 필요하다는 헤겔 논리학의 과제를 설명하고 있다.

달리 제기해 본다면 이렇게 될 것이다. 중요한 것은 고유한 대상에 대한 고유한 논리인가 아니면 고유한 대상에 대한 우리의 이론적이고 실천적인 자세의 보편성인가? [청년 맑스가 말한 대로] 논리의 사태는 — 『논리학』은 절대적 방법으로 요약되므로 — 특정한 사태의 논리와 즉각적으로(a limine) 동일한가? 아니면 여기에는 헤겔이 결코 평준화하거나 사변적 구성을 통해 메우려고 하지 않는 차이가 존재하는가? 이런 질문들에 답하기 위해서 우리는 헤겔의 체계 기획이라는 틀 속에서 **논리학** 일반과 실재철학의 관계를 다뤄 보아야 한다.

『논리학』은 여기서 사유가 그 자체로 대상인 한에서, 보편적인 사유의 규정들을 발전시킨다. "보편적 사유 규정들의 범위"는 헤겔에 따르면 "형이상학"과 같은 뜻인데, 그것은 "말하자면 우리가 모든 재료를 가지고 와서 이해 가능한 것으로 만들어 내는 다이아몬드 그물망"[378]같은 것이다. 헤겔에게 세계의 '독해 가능성(Lesbarkeit)'은 그것이 이 그물망으로 하여금 '재료'를 규정하도록 허락한다는 점에서 비롯하는 것이다. 그에 따르면 사유 규정들이란 "단순히 자기의식적인 사유의 형태들만이 아니라 […] 대상적인 지성의 형태들"이기도 하다. 이것은 "지성이 대상적 세계에서의 이성이라고, 정신과 자연이 생명과 변화를 만들어 내는 법칙을 갖는다고 말해지는 한에서" 승인된다.[379]

이것은 철학이 경험적 사태의 내용보다 높이 있는 해석의 위엄을 요구한다는 것을 의미하지 않는다. 예컨대 헤겔의 자연철학은 경험적 자연과학과 경쟁 관계에 있는 것이 아니며, 그것의 메타이론인 것도 아니다.[380] 출발 지점은 자연 그 자체가 아니라 오히려 인간의 이론적, 실천적인 자연 관계다. "이론적인 측면은 존재자로서의, 실체적인 것으로서의 자연을 인정한다. 이것은 의식된 분열로서, 우리는 그 안에서 직접적으로 자연과 관계한다. […] 다른 한편으로 인간은 그의 의지 안에서 무한하며, 강요받지 않는다는 것을 알고 있다. […] 인간이 자연의 폭력을 그 자체로 닳아 버리게 하고 배후에서 자연을 그대로 둔 채 그것과 관계하며 자연적 사물들에 가장 자의적인 방식으로 침투하는 것은 이성의 간지(奸智)다."[381] 자연에 대한 이론적인 관계와 실천적인 관계는 이념에서의 이론적 인식 또는 실천적 관계와 수렴된다. 그런 한에서 헤겔은 개념이 자연 속에서 "자신의 완전한 외적 객체성을 갖지만", 그러나 정신 속에서는 — 인간의 자연 관계를 거쳐서 — 다시금 자신으로 돌아오며 자신과 동일하게 된다고 말할 수 있었다. 헤겔은 덧붙이길, "개념은 동시에 오로지 자연으로부터의 복귀로서 이러한 동일성이다."[382]

헤겔에 따르면 자연과 정신은 이념의 "현존"을 표현하기 위한 "다른 방식들"이다.[383] 이것이 뜻하는 바는 다음과 같다. 절대이념은 [질료라는 의미에서의] 기체(Substratum)가 아니라, 우리의 지식에 적용되는 방법으로 생각되어야 하므로, 그것은 형이상학적인 배후 세계에서가 아니라, 오직 자연과 정신 속에서의 현존을 가져야 하며, 그리고 이에 상응하여 자연과 정신 역시 필연적으로 서로에 대해 상관항으로서 관계 맺는다. 정신은 "자연을 **자신**의 세계로 **정립함**이다. 정립함이란 반성이며 동시에 세계를 자립적 자연으로서 **전제함**이다."[384] 이러한 자연과 정신의 실재적인 매개는 불가피한 것이다. 절대적인 형식 — 절대이념 속에서 자신을 개념으로 파악하는 개념의 형식 — 은『논리학』에서 말하듯[385], 바로 이런 이유에서도 단지 형식적이다. 그것은 "모든 외적인 것과 자기 자신의 외재성, 자신의 현존 자체로부터 추상될 수 있는" 정신의 가능성에서 비롯한다.[386] 헤겔이『철학 강요』382절에서 말하는 것은 개념 논리의 절대이념 장에서의 진술과 일치한다. 즉, 절대이념은 "여전히 논리적"이며 "순수 사유에" 그리고 "주체성에" 국한된다.[387] 달리 말하자면, 이성 또는 개념은 자기 안에서 완결되지만, 이러한 완결 속에서 개념은 다시금 자기 내로 국한된다. 즉, 개념은 — 개념으로서 — 자신에 한계를 설정한다. 『철학 강요』의 379절에 대한 보론에서 말하듯, 개념은 스스로 "그것이 자신과 완전히 일치하는 현실을 자신에게 제공한다는 점에서, 자신의 자기 발전에 하나의 한계를" 설정한다.[388] 그러나 이러한 현실과 진리를 개념은 절대이념의 피안에서가 아니라 오로지 절대이념 속에서 갖는다.

따라서 절대적 방법 속에서 개념의 순수 자기 관계성은 인간 정신이 자연과 자기 자신의 정신적 현존 방식들과 맺는 **특정한** 관계들을 추상한 결과물이다. 절대적 방법으로서의 이념은 따라서 인간 정신이 '세계'와 맺는 이론적이고 실천적 관계의 **보편적 형식**이다. 그러나 절대이념이 자연과 정신 속에서 자신을 재발견할 때, 즉 그것이 순수 사유가 아닌 인식 속에서 — 형이상학적으로 말하자면 — 범주들의 다이아몬드 그물망을 형성하는 사유 규정들을 제시할 수 있을 때, 철학은 이념의 이러한 지위를 정당화된 것으로 요청할 수밖에 없다.

이것은 어떤 의미에서 이해될 수 있을까? 헤겔이 결론적으로 논리학과 실재철학의 관계를 서술할 때 사용하는 은유들은 실제로 오해되고 있는데, 그러한 은유들이 이 자리에서 다뤄져야 할 것이다. 여기서 우리는 이념이 "존재의 직접성으로 통합"[389]되고, 시초적인 직접성이 매개된 것으로 재생산됨으로써, 이념은 자연이 된다고 독해한다. 그러나 "이러한 규정은 […] 생성된 존재나 이행이 아니며", 오히려 "이념이 스스로 자신을 **자유롭게 방출**"하는 방식으로 나타난다.[390] 그것은 반복적으로 「요한복음」의 의미에서["태초에 말씀(logos)이 있었다. 말씀은 신과 함께 있었고, 신은 곧 말씀이었다"] 신적 이념으로부터 자연의 창조 행위로 해석된다. 이러한 관점

11. 완성된 자유의식: 절대이념

은 오로지 헤겔에게서 절대이념이 **철학적인 신적 개념**을 수행하는 한에서 올바를 뿐이다. 그런데 그러한 철학적인 신적 개념은 종교적인 신적 표상의 지양이기도 한 것이다. 반면 창조 행위는 자연으로의 이행(실은 이행일 수 없는[391])에 관여하지 않는다. 그러한 이행은 이미 언급했던 헤겔의 정식이 말해 주듯이, 이념이 자신을 발견하고 인식하는, 자연과 정신이라는 다른 실재철학적 영역들로 진입하는 것이다.[392] 내가 제안하고 싶은 해석은 이러한 자기-발견은 절대적 방법 속에서 개념의 자기 파악이 근거하는 추상의 철회 이상도 이하도 아니라는 것이다. 『철학 강요』의 정식화에 따르면, 자연과 정신이라는 실재의 학문들을 통과한 끝에는 "논리적인 것"이 다시 등장하겠지만, 그러나 이것은 "그것이 구체적 내용 속에서 자신의 현실 속에 보존되는 보편성이라는 의미"를 갖는다.[393] 이러한 의미에서 헤겔은 『논리학』이 "**형식적 학문**으로서, 자연과학이나 정신과학 같은 철학의 다른 부분들의 내용인 실재를 포함할 수 없으며 그래서도 안 된다"고 말한다. "이러한 구체적인 학문들은 논리학보다 더욱 실질적인 이념의 형식으로 등장해야 한다." 그러나 이러한 구체적 학문들은 "논리적인 것 또는 개념을 내적인 창조자로" 삼는다.[394]

이때, 구체적인 학문들 속에서 논리적 이념을 "발견하고 인식하는 것"이 『논리학』의 순수 사유 규정들이 제시하는 범주적인 귀결을 찾아내는 것이라는 사실로부터 출발해선 **안 된다**. 만약 그럴 경우, 실재철학은 오로지 논리적 구조들의 반복일 뿐일 것이기 때문이다. 그러나 실제로 헤겔은 논리적 범주들을 각각의 대상들에 상응하여 적용하는데, 그리하여 이러한 **대상들이 개념에 적용되는 것**이지, 개념 그 자체가 『논리학』에서 전개되듯이 직접적으로 실재철학적 연관 속에 적용되는 것은 아니다. 따라서 헤겔의 가정은 완전히 다른 것이다. 그가 전제하는 것은 우리가 실재적 대상들에 대한 우리의 이론적이고 실천적인 관계를, 즉 대상들에 대한 개념 파악과 정식화를 온전히『논리학』이 그 내적 체계적 연관 속에서 전개하는 범주들을 통해 서술할 수 있다는 것이다. 그리고 그는 계속해서, 이론적이고 실천적인 대상들이 그 자신의 본성 속에서 인식되고 개념에 적용되거나 그 자신의 본성에 합당하게 정식화되는 한, ― 즉 어떠한 인식 불가능한 물자체도 남아있지 않은 한 ― 이러한 범주들이 단순히 주관적인 것이 아니라, 우리가 예컨대 자연법칙에 객관적 실재성을 부여하는 것과 마찬가지의 의미에서 객관적 실재성을 갖는다고 전제한다.

만약 그렇다면, 헤겔에 대한 맑스의 반론은 처음부터『논리학』그리고 특히 헤겔의 변증법적 방법에 대한 근본적인 오해에서 비롯한 것이다. 헤겔의 변증법적 방법은 고유한 대상에 대한 고유한 논리를 중단시키는 것이 아니라, 대상을 개념화하기 위한 수단이다. 맑스가 처음부터 논리와 실재철학의 차이를 무뎌지게 만드는 경향이 있다는 사실은 이미 지적되었다.[395] 반면 맑스 자신이 헤겔『논리학』의 개념적 수단을『자본론』에서 적용한 것은 헤겔『논리학』에 대한 대안을 표현하거나 그러한 대안 그 자체를 가리키는 것이 아니라, 오히려 곧바로 그리고 온전히 헤겔의 이론 패러다임 내에서 서술될 수 있다.[396]

절대자에 관한 헤겔의 사유는 근거 없는 형이상학적 사변과는 완전히 다른 것이다. 오히려 그것은 우리로 하여금 존재하는 것을 (개념에 닿지 못하는) 단순한 경험적 실존의 측면에서가 아니라, 그것의 형식 규정이라는 측면에서, 우리의 이론적이고 실천적인 인식의 보편적 형식인 절대이념에 대한 관계 속에서 개념적으로 파악하도록 만든다. 여기에서 헤겔이 잘 알고 있었던 [그의 철학이 가진] 비판적 잠재력이 발견된다.『철학 강요』246절의 보론에서 말하듯, "학문에서, 그리고 세계사에서도 마찬가지로 모든

11. 완성된 자유의식: 절대이념

혁명은 정신이 이제 자신을 소유하기 위해서, 자신을 이해하고 지각하고
자, 더욱 참되게, 심층적으로, 더욱 내적이고 더욱 자신과 일치하면서 자신
을 파악하는 가운에 자신의 범주들을 변혁했다는 사실로부터 도출된
다."[397] 절대적 방법 속에서 정신은 자신을 자유로 파악하며, 이러한 자유
개념은 우리가 이념을 통해 실재철학적으로 적용할 수 있는 척도가 된다.

법의 역사는 자유의 현존의 역사이며, 그것이 모여 인간으로서의 인간
에게 선천적으로 권리를 귀속시키고 이와 함께 인권의 사유를 최고도로
가능하게 만들어 주는 법적 상태와 법적 의식을 만들어 내듯, 헤겔이 보기
에 이성의 역사가 모여 자유로서의 개념의 개념을, 즉 절대이념을 만들어
낸다. 자유의식은, 그것이 비록 세계사의 귀결이지만, 절대이념 속에서 무
제약적인 것이 된다. 완성된 자유 개념이 자신을 절대적인 것으로 심지어
절대자 자체로 이해한다는 사실은, 역사의 결과 속에서 이 자유 개념을 역
사적 상대성에서 벗어나게 하고, 자유의 개념을, 이성적인 의미에서 "현실
적"이라고 (즉 단지 사실적으로 실존할 뿐인 것이 아닌 것으로) 간주될 수 있
는 것을 위한 역사적으로 구성된 규범으로 만든다.*

이미 자연은 그 자신이 자유의 규정성을 객관적으로 담지한다. 헤겔이
『논리학』의 결론 부분에서 말하듯, 이념의 외재성으로서 자연은 "주체성

---

* 저자가 해석하듯, 절대이념에서 말하는 '절대성'이란 초월적인 신의 지위를 설명하는 것이
아니라, 개념의 자기 관계와 자기 운동이라는 사유의 '방법'을 의미한다. 나아가 저자는 이
러한 절대적 방법으로서의 절대이념, 즉 자기 관계하는 '자유'로서의 개념이라는 논리학적
이념은, 역사 속에서 법을 통해 실현되는 자유의 권리가 척도로 삼아야 할 규범이 된다는
테제를 제시한다. 이처럼 저자는 헤겔 『논리학』의 궁극적 귀결인 절대이념과, 『법철학』이
제시하는 '자유의 현존으로서의 법'이라는 사유가 상호 결합되어 있다고 주장한다. 그런데
이는 단순히 '추상적 철학 체계를 구체적 현실에 적용'한다는 의미가 아니라('논리학'과 '실
재철학'에 대해 지금까지 수행된 저자의 설명은 이를 명시적으로 거부하고 있다), 논리학에
서의 방법(절대이념=자유로서의 개념)이 법을 통해 실현되는 '자유의식의 역사'를 위한 일
종의 '규범적 모델'이 될 수 있다는 의미로 이해되어야 한다.

없이 스스로 존재할 수 있는 **공간과 시간의 외재성**이라는 면에서 단적으로 자유롭다."[398] 자연이 **절대적으로** 스스로 존재한다는 것, 단적으로 자유로우며 주체성이 없다는 것 — 누가 이러한 관점을 관념론적으로 묘사할 수 있을까? 헤겔은 자연의 자립성에 관해 이미 알고 있었다. 그런데 왜 자연은 스스로 자유의 규정성을 지녀야 하고, 비록 그 스스로가 이성(또는 이념)일 필요는 없더라도 — 엄밀한, 또 유물론적으로 접근할 수 있는 의미에서 — 그것의 외재성이어야 하는가, 즉 개념에 접근 가능한 것이어야 하는가? 거꾸로, 개념적으로 파악된 존재가 될 수 없는, 의식의 외부에 있는 그리고 의식에 독립적인 존재란 도대체 무엇인가? 그것은 인식 불가능한 물자체라는 추상 이외에 아무것도 아닐 것이다. 이 지점에서 맑스는 헤겔과 일치한다. 자연이 이념의 외재성이라는 주장은 자연이 비자립적인 것이라는 것이 아니라, 자연이 개념적 인식에 접근 가능한 것이라고 말하는 것이다. [물론 이때의] 개념적 인식이란 형태를 변형하는 물질적 활동, 즉 헤겔이 대단한 방식으로 분석했던 노동이라는 의미로도 이해될 수 있다. 헤겔의 가정은 오로지 원칙적으로 개념에 접근할 수 없는 것이란 — 하늘에서도 땅에서도 — 존재하지 않는다는 것일 뿐이며, 그의 이성 개념이 갖는 규범성은 여기에서 비롯한다. 헤겔의 법철학 역시 현실적인 것이 이성적인 것이라고 주장할 때, 이러한 이성의 규범성을 자양분으로 삼는다. 왜냐하면 개념과 일치하는 실재 그리고 이와 더불어 자유의 현존 방식만이 현실적이기 때문이다. 그러한 현실성이야말로 헤겔과 맑스 모두 중요하게 다뤘던 것이다.

11. 완성된 자유의식: 절대이념

종결부(Coda)*

　나데르 아흐리만은 "헤겔기계"가 예술을, 더 정확히는 "이름 없는 예술사"를 생산한다고 기술한다.[399] "헤겔기계"의 목표는 "예술적인 객체-주체로서 절대정신으로 발전하는 것"이다. "그러나 예술에서 종교를 거쳐 가장 높은 단계인 철학을 향한 위계 속에서 헤겔기계는 단지 예술의 단계만을 획득할 뿐이다. 헤겔기계는 자기 자신을 신뢰할 때 비로소 종교와 철학의 요구에서 벗어날 수 있다."[400] 헤겔기계는 종말의 예술이다. 그것은 메타-입체파적인 객체로서 예술 속에서 예술의 종말을 표시한다. 그러나 계속해서 예술을 생산하고 예술에 대한 신뢰 속에서 종교와 철학으로의 이행을 단념함으로써, 그것은 예술의 종말에는 여전히 예술이 있을 거라는 사실을 증언한다. 종말 이후에도 어떻게든, 비록 규명될 수 있는 역사로서가 아니라 할지라도("이름 없는 역사") 그것은 계속된다. 이것은 완수된 (철학적) 자유의식 속에서의 역사의 종말에도 적용된다. 이러한 종말 속에서 자유의 실현이 가능해진다. 맑스에 따르면 철학의 실현은 철학의 종말에 대한 철학이다.

　양자는 서로 독립적인 것이 아니다. 예술과 철학은 — 종교도 마찬가지로 — 비록 감각성과 직관(예술), 표상(종교) 그리고 개념(철학)이라는 다른

＊　Coda는 원래 '꼬리'를 뜻하는 이탈리아어 단어에서 유래하여, 음악에서 악곡의 마무리를 위해 덧붙여진 부분, 즉 종결부를 뜻하는 용어로 사용된다.

매개체 속에서 표현하긴 하지만, 정신 일반이라는 동일한 내용을 갖는 절대정신의 형태들이다. 이 책이 논의를 출발한 지점인 "헤겔기계"의 철학적 해석은 여기에서 비롯한다. 그것은 예술을 통해 절대정신이 개념적 담론의 형태로 자기현시된다는 사실을 증명한다. 예술은 그 자립성과 자유 속에서 개념적 담론으로부터 독립적으로 남아 있다.

예술의 종말이라는 명제는 헤겔『미학』과 관련하여 주로 제기되지만[401], 헤겔 자신은 이를 언급하지 않았다. 그가 말한 것은 이와는 다른 것으로서, 인간 정신의 자기 소통에 기여하는 예술의 인식적 잠재력이 제한되어 있다는 것이다. "그러나 예술이 그 이전의 것(Vor)을 자연과 삶의 유한한 영역 속에 가지고 있다면, 마찬가지로 예술은 그 이후의 것(Nach)을, 즉 절대자에 대한 예술의 이해 방식과 표현 방식을 다시금 뛰어넘는 순환을 가지고 있다."[402] 헤겔은 계속해서 이렇게 말한다. 이 때문에 오늘날 "예술이 계속해서 더욱 더 성장하고 완성되기를 희망해 볼 수 있을 것이다. 그러나 예술의 형식은 정신의 최상의 욕구이기를 중단하였다. 우리는 그리스 신들의 모습들을 여전히 탁월하다고 생각하고, 성부(聖父), 그리스도 그리고 마리아가 여전히 위엄 있고 완전하게 표현된다고 여기지만, 그것은 아무런 도움도 주지 못하며, 우리는 더 이상 무릎을 꿇지 않는다."

헤겔에 따르면 종교와 철학 역시 이러한 의미에서 완성되며, 철학과 함께 역사 역시 세계정신이 자기를 알아 가는 가운데 완성된 자유의식으로 도달하자마자 완성될 것이다. 그러나 종교와 철학은 그것이 완성되었기 때문에 이제 더 이상 실행되지 않는 것이 아니다. 종교와 철학은 이 점에서 세계사가 전개되는 객관정신의 또 다른 영역인, 그리고 역사의 종말 이후에도 계속될 예술과 어쨌거나 공통점을 갖는다. "어쨌거나"라는 것은 그것이 철학에 대해서 (그리고 경험과학에 대해서) 계산 가능하지 않다는 것을 의미한다. 이 영역은 지금 자유의 실현을 위한 투쟁 장소이며, 이 투쟁(맑스주의에서는 계급투쟁)의 출발점에서는 어떠한 예언적인 역사 서술도 예견할 수 없다. 이 투쟁이 모든 인간적 관심을 다룰 뿐 아니라, 그것을 내용으로 갖기도 할 것이므로, 이 투쟁은 또한 — 계속해서 새롭게 — 예술, 종교 그리고 철학에서의 인간적 자기 소통에 대한 욕구를 생산할 것이다. 절대정신과 자유의식은 늘 계속해서 정치-사회적 현실 그리고 이 현실을 통해 역사적으로-특수하게 규정된 **인간의 조건**(conditio humana), 주관정신으로서의 인간학에 대해 하나의 긴장 가득한 관계를 맺는다.

아도르노는 이러한 난해한 관계를 예술의 관점에서 이렇게 기술했다. 예술은 "정신으로서 […] 기존의 세계의 방향에 대한 규정된 부정을 향해 운동하는, 경험적 현실*에 대한 모순이다."[403] 현실이 (아직) 자유의 객관적으로 가능한 형태를 담아 내지 못하는 한, 그러한 모순은 종교와 철학이

---

* 이 책의 이전 부분에서는 Realität를 일관되게 '실재'로 번역했고 Wirklichkeit를 '현실'로 번역했지만 여기서는 Realität를 '현실'로 번역했다. 여기에는 사정이 있는데, 헤겔이 의식적으로 두 단어를 구분했기 때문이다. 헤겔에 따르면 Realität(실재)란 우리가 마주하는 경험적 현상들의 세계인 반면, Wirklichkeit(현실)이란 (앞서 6장에서도 한 차례 옮긴이 주에서 밝혔듯) 이성이 작동(wirken)하여 실재 속에 구체적으로 실현된 상태 혹은 그러한 실현을 향해 나아가는 과정이다. 따라서 헤겔에게서 Realität는 이성의 관점에서 (그것이 이념에 부합하지 않을 경우) 주관적으로 비판할 수 있는 대상이 될 수 있지만, Wirklichkeit는 비록 그 현재의 상태가 불완전하다 할지라도, 이념의 실현을 향해 나아가야 하는 필연적인 과정이며 따라서 그 안에는 반드시 이성적인 것이 포함되어 있게 마련이다. "이성적인 것은 현실적인 것이요, 현실적인 것은 이성적인 것이다"라는 유명한 명제는 이러한 관점에서 등장한다. 그리고 저자 아른트는 이러한 헤겔의 의도를 살리기 위해 Realität와 Wirklichkeit를 의도적으로 구분하며, 번역 과정에서 이러한 저자의 의도를 살리기 위해 전자를 실재, 후자를 현실로 구분해 번역하였다.
그러나 이러한 헤겔적 사유에 어느 정도 비판적이었던, 지금 언급되고 있는 아도르노나 맑스의 경우, 이러한 헤겔의 구분법을 따르지 않고, 두 단어를 거의 동의어로 사용한다. 게다가 이들의 논의를 다룰 때 Realität를 '실재'로 일관되게 번역하다 보면 문맥상의 의미가 상실되는 경우가 생겨 버린다. 이 때문에 아도르노나 맑스와 관련해서는 Realität를 '현실'로도 번역하기로 한다. 다만 이때 Wirklichkeit와 의미상의 구분이 필요할 경우에는 후자를 '현실성'으로 번역하였다.

종결부(Coda)

"세계"와 맺는 관계를 구성하기도 한다. 헤겔은 여기서 모순을 강조하지 않고, 사유에서의 화해를 고수한다. "현실에 대한 교구(敎區) 정신의 실현"[404], 즉 기독교 종교의 자유 원칙의 실현은 물론 인륜적 세계에 침투하지만, 그것이 완성되는 것은 사유에서다. "이러한 화해가 철학이다. [⋯] 이러한 화해는 신의 평화인데, 그것은 모든 이성보다 더 고차적인 것이 아니라, 오히려 비로소 이성에 의해 의식되고, 사유되고, 참된 것으로 인식되는 것이다."[405] 에르제베트 로자(Erzsébet Rózsa)는 여기서 "화해의 공허함과의 동의어"를 감지한다. 왜냐하면 개인들의 생활세계적이고 실존적인 문제에 대한 생활세계에서의 모순들이 체계론적으로 지양되도록 더 이상 매개가 이뤄지지 않기 때문이다.[406] 물론 헤겔은 여기서, 정신의 단계들의 구별로부터 발생하는 여전히 남아 있는 차이를 체계론적으로 제시하였다. 절대정신이 "모든 외적인 것과 자기 자신의 외재성, 자신의 현존 자체를 추상할 수 있는"[407] 자신의 능력을 사용해 이념 속에서 완성된 자기 관계를 달성할 수 있는 것과 달리, 주관정신과 객관정신은 그러한 완성된 자기 관계에 도달할 수 없다. 주관정신도 객관정신(사회와 정치 공동체)도 결코 절대이념의 구조를 실현할 수 없는데, 왜냐하면 그럴 경우 그것 자체가 절대정신이 될 것이기 때문이다. 그 대신에 주관정신과 객관정신은 필수적인 자연과의 관계, 서로에 대한 관계 그리고 절대정신에 대한 관계 속에 서 있다. 물론 절대정신 역시 결국은 자신이 순수 사유에 제한되어 있다고 경험하며, 자연과 정신이라는 실재에 대한 관계를 다시 탐색해야 한다. 그러나 결코 간과할 수 없는 것은, 절대이념이 객관정신의 실재에 대해 모순적인 관계를 맺을 수 없다는 사실이다. 절대이념은 객관정신의 실재를 그 내적인 구조 속에서 (절대적) 변증법적 방법이라는 수단을 통해 개념 파악하고 그런 한에서 그러한 실재 속에서 자신을 발견할 수 있겠지만, 그러나 객관적으로 가능한 개념의 실현으로 간주하고 그런 한에서 그러한 실재 내에서 만족을 찾지는 못한다.

헤겔은 자기 발견과 자기만족의 발견 사이의 이러한 차이를 조용히 건너뛴다. 그러나 예나 시기에는 실천적 관점에서 철학을 규정하기 위해 이러한 차이를 제시하기도 했다. 1801/02년의 헤겔에 따르면, "철학의 참된 욕구는 철학으로부터 그리고 철학을 통해 살아가는 법을 배우는 것"[408]이며, 이를 위해 철학은 "현실의 제약을 버텨 내면서도 현실 속에 안주하지 않아야"[409] 한다. 이러한 "버텨냄"은 개인의 측면에서 사유 속에서의 화해에 동기를 부여한다. 개인은 참으로 오로지 자신의 현존의 조건에 대해 기만되지 않을 때 비로소 자유로워질 수 있다. 개인의 자기의식은 그것이 자아와의 직접적인 관계이기만 할 때에는 불완전하며, 오히려 그것은 동시에 타자와의 관계와 타자에 의한 제약에서 비롯하는 것이다. 개인의 자기의식은 반성된 자기의식으로서만 적합한 자아상에 도달할 수 있다.[410] 물론 이러한 자아상은 기존의 현실에 대한 전적인 불만족을 포함할 수 있다. 『법철학 강요』에 따르자면, 이것은 심지어 "내가 이성적으로 간주하지 않는 어떤 것도 인정하지 않을 주체의 최고 권리"다. 그러나 그것은 "동시에 형식적"이며, "이에 반해 객관적인 것으로서 이성적인 것이 주체에 대해 갖는 권리는 확고하게 남아 있다."[411]

헤겔은 주관정신, 객관정신, 절대정신의 체계론적 차이가 어떠한 화해도 찾을 수 없는 모순으로 간주될 수 있다는 사실을 명확히 밝히지 않았다. 논리학 ─ 철학적 사유 속에서의 화해 ─ 의 적용을 통해 현실적인 대립들이 극복되지 않는다는 비난을 제기할 때, 맑스의 헤겔 비판은 이 지점에서 올바른 직관에 따르고 있다. 그러나 맑스는 이를 마치 『논리학』의 체계적 개념과 체계적 지위의 필연적인 귀결이라고 간주하는 오류를 범했다. 헤

종결부(Coda)

겔은 오히려 여기서 꾸밈없이 비일관적인데, 이는 객관정신의 실재와 논리적 이념의 순수 자기 관계적인 구조 사이에 (남아 있는) 차이가 분명히 드러나기 때문이다.

(자유의) 정신은 아직 정신의 자기 파악을 통해 현실에 개입하지 못하였다. 그러나 논리적 이념 역시 어떻게 자유의 실현이 작동할 수 있는지에 관한 처방전을 제시하지 않는다. 그것이 현실에 대립하는 당위로 전환되어 직접적으로 실현되려 한다면, 그것은 "추상들을 현실에 적용하는" 일일 것이며 이를 통해 "현실을 파괴"한다는 것을 의미하게 된다.[412] 이를 추상이라고 하는 이유는, 이성이 독자적으로 자신을 정립하고, [자신과 세계의] 차이 — 당위와 현실 사이의 차이가 아니라, 한편으로 절대정신의 구조들 사이의, 다른 한편으로 주관정신과 객관정신의 차이 — 를 통해 구성되는 "세계"에 대한 반성 관계를 스스로 부정하기 때문이다. 헤겔은 이러한 구조들의 혼동과 이로부터 도출되는 절대자가 직접적으로 현실에 적용되어야 한다는 요구에 대해 염려했는데, 왜냐하면 그러한 요구는 바람직한 결과에 대한 통찰을 상실한 채 오로지 공포 통치의 방식으로 실현될 수밖에 없기 때문이다.

맑스는 『파리 수고[경제학-철학 수고]』(1844)에서 전개된 소외의 낭만주의라는 막간극 이후에, 소외의 역사[라는 관점]으로부터 거리를 두고, 개인적 소유와 "자유로운 인간 연합"의 상태 속에 여전히 남아 있는 공적 권력과 함께 존재하는 필연의 왕국에 의해 매개된 자유의 왕국을 시간의 경제라는 틀 속에서 묘사할 때, 이러한 관점에서 헤겔의 견해를 원칙적으로 공유했다. 맑스의 학설에 대한 모든 비난에도 불구하고, 순결주의 정파와 순수 혁명적 학설은 이러한 측면에서 맑스가 아니라, 개인들에게 완전히 투명한, 소외되지 않은 사회적 세계라는 낭만주의에 의존하고 있다. 현실을 그러한 추상의 전제 하에서 이해하고자 하는 사람은 좌절할 것이 틀림없다. 그는 오로지 동일한 것으로 생각되는 현실에서의 차이와 모순을 단지 앞으로 제거되어야 할 질병으로, 극복된 소외의 잔재로 받아들일 것이다. 순결주의 정파의 지도자들은 순수한 진리와 그것에 직접 상응하는 현실의 수호자로 자처하는데, 그들은 20세기에 수백만의 희생자들을 남기며 이를 실행하였다.

그럼에도 불구하고 오늘날 그러한 사유는 매력을 상실하지 않은 것처럼 보인다. 알랭 바디우(Alain Badiou)가 자신의 공산주의 비전을 플라톤의 『국가(Politeia)』를 다루는 가운데, 즉 소외론적 낭만주의를 투사하기에 적합한 공간인 전 근대적 정치적 인륜성의 틀 속에서 제시한 것은 우연이 아니다.[413] 소크라테스의 입을 빌린 사회주의 이념에 대한 설명들은 철학자들의 국가에 기대어 개인들이 진리의 주체로서 조화를 이루는 세계를 공언한다. "아직까지 사람들은 우리가 논의하는 이념이 특정한 물질적 세계 속에서 어떻게 드러나는지 보지 못했네. '사회주의'라는 이름으로 판매되어 온 것들은 항상 미묘한 균형들과 예리한 언어적 조화들을 자라나게 하는 미사여구였을 뿐, 우리가 감행해야 할 담대한 발전이 되지 못했단 말일세. 그리고 ― 이번에는 현실적으로 ― 진리 주체의 본질적인 구성적 덕과 조화를 이루며, 이러한 방식으로 자신의 행위 속에서도 선언 속에서도 우리가 그것의 존재를 사유하려 시도하는 그러한 국가를 이끌도록 위임을 받는 인간의 유형인 그러한 인간의 유형에 대해 말하자면, 사람들은 아직 그러한 유형에 부합하는 단 한 명의 개인도 보지 못했지. 더군다나 그들은 그러한 유형과 같아지는 것이 일반적인 규칙이 되는 그러한 세계를 상상할 수 없다네. 따라서 나는 이 주제에 관해 장황하게 말을 늘어놓는 것을 피하려 했네. 하지만 나는 진리에 대한 의무를 지고 있으므로, 나는 결국 참된 철학자들이라는 현재는 여전히 제한된 집단이 전체 인민으로 확장되기 전까지는 어떤 국가도 그리고 어떤 개인도 자신의 능력을 완전히 소진할 수 없다고 말했다네."[414]

조심스레 함축되어 있는 스탈린 시대의 공포 통치에 대한 모든 비판[415] 속에서, 도래할 사회에 대한 상상은, 이러한 사회가 자기의식적 개인과 마찬가지로 주조되어야 한다는 가정에 입각하여 규정된다. "정의로운 개인"은 "정의로운 집단성과 결코" 구별되지 않으며,[416] 이때 정의는 — 여러 군데에서 — 결국 건강과 동일시된다.[417] "각자가 한 번은 통치 책임이나 군사적 지휘를 떠맡아야 하는" 이러한 사회에서 결국 "지도자와 지도를 받는 사람들 사이의 일치가 온전히 보장된다."[418] 이러한 추상들은 무죄가 아니다. 그리고 그것들은 맑스와 아무런 관련도 없다.

옮긴이의 말

    이 책은 안드레아스 아른트의 책 *Geschichte und Freiheitsbewusstsein. Zur Dialektik der Freiheit bei Hegel und Marx* (2015)를 우리말로 번역한 것이다. 서문에도 나와 있듯이, 『역사와 자유의식』이라는 이 책의 제목은 루카치의 기념비적인 저작 『역사와 계급의식』을 염두에 두고 지은 것이다. 주지하다시피, 루카치는 그의 책에서 정통 맑스주의의 기초를 맑스의 변증법적 '방법'에서 찾으며, 이를 통해 헤겔과 맑스의 변증법을 결합하는 '헤겔-맑스주의'의 노선을 정립하였다. 이러한 루카치의 헤겔-맑스주의는 이후 서구 맑스주의의 발전 과정에서 지대한 영향을 미쳤으며, 특히 1950년대 이래로 '인간주의적' 맑스 해석이 등장하는 데 결정적 계기를 제공하기도 했다.

    루카치의 헤겔 수용에서 중요하게 다뤄진 것은 의식의 변증법이었다. 즉, 루카치의 물음은 프롤레타리아 의식이 어떻게 부르주아적 주객 이분법과 사물화를 뚫고 변증법적으로 새로운 총체성에 도달하는가 하는 것이었다. 이러한 루카치의 헤겔-맑스주의는 이후 알튀세르 학파에 의해 강력한 도전을 받기도 했다. 알튀세르는 루카치와 인간주의 경향의 맑스 해석을 비판하면서 탈주체, 구조, 이데올로기, 무의식, 인식론적 절단과 같은 범주들을 도입하였으며, 특히 헤겔 변증법의 표현적 총체성과는 다른 맑스의 독자적 변증법을 강조했다. 그 이래로 이 두 학파 사이의 논쟁이 헤겔과 맑스의 관계를 둘러싸고 수십 년간 지속되었다.

이 책의 저자 안드레아스 아른트 역시 헤겔-맑스주의자다. 그러나 그의 헤겔-맑스주의는 루카치의 그것과 상이한 관점을 취하고 있다. 루카치 이래 전통적으로 헤겔-맑스주의는 변증법적 방법을 둘러싸고 헤겔과 맑스를 비교하는 관점을 지니고 있었지만, 아른트는 헤겔과 맑스를 결합하는 심급을 이동시킨다. 그에 따르면, 헤겔과 맑스는 '개인적 자유'의 실현이라는 관점 속에 새롭게 결합될 수 있다. 그리고 개인적 자유를 보장할 법/권리의 차원에서 대안적 포스트 자본주의 사회가 논의되어야 한다. 이러한 관점에서는, 맑스의 『자본론』과 비교해야 할 헤겔의 저작은 변증법적 방법을 다루는 『논리학』이 아니라, 자유의 현존재로서 법과 국가 공동체에서의 인륜성을 다룬 『법철학』이 될 것이다.

저자 아른트의 이러한 독특한 헤겔-맑스주의 사유는 새로운 논쟁의 지평을 열 수 있을 것이다. 맑스 텍스트에서 청년기 저작과 성숙기 저작의 관계, 헤겔과의 관계를 둘러싼 루카치 학파와 알튀세르 학파의 대립에 대해서는 많은 이들이 연구해 왔는데, 반면 이를 넘어 '자유'의 관점에서 어떻게 헤겔과 맑스가 비교 연구 대상이 되는가에 관해서는 거의 주목받지 못했다. 이 책은 기존의 관점을 넘어선 새로운 시각의 헤겔-맑스주의의 가능성을 논하고 있으며, 이를 통해 헤겔과 맑스 모두가 역사적으로 받아 왔던 비난, 즉 개인이 아닌 전체의 관점에서 사고하며 이로 인해 전체주의나 관료 독재를 정당화했다는 시선에서 벗어나, 개인적 자유의 실현이라는 측면에서 두 사상가를 결합시키려는 과감한 시도를 감행하고 있다.

저자 안드레아스 아른트는 베를린 자유대학교 철학과 초빙교수를 거쳐 베를린 훔볼트 대학교 신학부의 철학 담당 교수를 역임했으며, 나의 박사학위 지도교수이기도 했다. 나는 아도르노에 관한 박사학위 논문을 쓰는 과정에서 아른트 교수의 도움으로 헤겔과 맑스의 변증법에 관한 심도 깊은 논의에 대해서도 배울 수 있었다. 이 자리를 빌려, 부족한 나의 논문을 성심껏 지도해 주신 안드레아스 아른트 교수님께 감사의 인사를 전하고 싶다. 그리고 이 책이 부족한 번역에도 불구하고 독자들 사이에서 다양한 논쟁들을 촉발하길 기대해 본다. 마지막으로 이 책을 출판해 주신 에디투스 출판사의 연주희 대표님께도 감사 인사를 드린다.

옮긴이의 말

주요 약어

GW	Hegel: *Gesammelte Werke*
HW	Hegel: *Werke. Theorie-Wierkausgabe*
MEGA²	Karl Marx/Friedrich Engels: *Gesamtausgabe*
MEW	Karl Marx/Friedrich Engels: *Werke*

미주

1   Berlin 1923.

2   Andreas Arndt, *Karl Marx. Versuch über den Zusammenhang seiner Theorie*, Berlin 2012, 257 ff.

3   나데르 아흐리만 자신은 "헤겔기계(Hegelmaschine)"를 예술의 종말과 연결시켰다. 이에 관해서는 이 책의 "종결부"를 참조.

4   *Briefe von und an Hegel*, hg. v. J. Hoffmeister, Bd.1, Hamburg 1969.

5   G. W. F. Hegel, *Schriften und Entwürfe (1799-1808)*, GW 5, 367.

6   더욱이 나폴레옹 자신은, 발전된 매뉴팩처라는 이상에 따른 노동 분업과 협업을 국가 통치에 도입한 "노동하는 국가 기계"라는 하나의 기계의 설계자로 간주될 수 있다. 이에 대해서는 Hans-Peter Krüger, *Heroismus und Arbeit in der Entstehung der Hegelschen Philosophie (1793-1806)*, Berlin 2014, 246 ff.

7   G. W. F. Hegel, *Grundlinien der Philosophie des Rechts oder Naturrecht und Staatswissenschaft im Grundrisse*, § 360, GW 14, 1, 281.

8   같은 책, § 123, 부록 (Hegel, *Grundlinien der Philosophie des Rechts*, hg. v. H. Klenner, Berlin 1981, 150).

9   MEGA² I/2, 154.

10 Walter Benjamin, *Über den Begriff der Geschichte*, hg. v. Gérard Raulet, Berlin, 2020, 16.

11 Ernst Bloch, *Philosophische Aufsätze zur objektiven Phantasie*, Frankfurt/M. 1959, 483.

12 이에 관해서는 Frederick Neuhauser, "Marx (und Hegel) zur Philosophie der Freiheit", in: *Nach Marx. Philosophie, Kritik, Praxis*, hg. v. Rahel Jaeggi und Daniel Loick, Frankfurt/M. 2013, 25ß47; Terry Pinkard, "Hegels Naturalismus und die Zweite Natur. Von Marx zu Hegel und zurück", in: 같은 책, 195-227 참조. Sahra Wagenknecht, *Vom Kopf auf die Füße?: Zur Hegelkritik des jungen Marx oder Das Problem einer dialektisch-materialistischen Wissenschaftsmethode*, Bonn 1997 역시 참조. 오랫동안 지배적이었던 맑스와 헤겔의 관계에 대한 당파 맑스주의적인 관점에 대한 비판으로는 Tom Rockmore,

Marx after Marxism. The Philosophy of Karl Marx, Oxford 2002 그리고 Mark J. Siemek, *Von Marx zu Hegel. Zum sozialphilosophischen Selbstverständnis der Moderne*. Würzburg 2002 참조.

13 Emil Angehrn, *Freiheit und System bei Hegel*, Berlin und New York 1977은 자유에 대한 사유가 헤겔 체계를 관통한다는 점을 보여 준다. Wilm Hüffer, *Theodizee der Freiheit. Hegels Philosophie des geschichtlichen Denkens*, Hamburg 2002 역시 참조.

14 1870년 4월 30일 『인민국가(Volksstaat)』지에 실린 빌헬름 리프크네히트(Wilhelm Liebknecht)의 그에 대항하는[헤겔을 '프로이센 국가철학자'로 규정한] 편집자 논평에 대해 맑스는 — 마찬가지로 엥겔스 역시 — 무척 날카롭게 반응하였다. "나는 그에게 이렇게 썼다네. 그가 헤겔에 관해 오직 낡은 […] 오물을 반복할 뿐이라면, 그는 차라리 주둥이를 닥쳐야 한다고 말이지." (MEW 32, 503; 같은 책 501도 참조.)

15 Warnach, "Freiheit I", in:*Historisches Wörterbuch der Philosophie*, Bd. 2, hg. v. Joachim Ritter, Basel (bzw. Darmstadt) 1972, 1064 - 1074.

16 Theodor W. Adorno, *Zur Lehre von der Geschichte und von der Freiheit (1964/1965)*, Frankfurt/M. 2006, 244.

17 같은 책, 249.

18 같은 책 295.

19 같은 책 248.

20 같은 책, 249. 이러한 사고는 발터 벤야민의 「역사의 개념에 관하여」 테제에 등장하는 지금 시간(Jetztzeit)으로부터 영향을 받은 것 같다. 이 테제에서 벤야민은 유대교 전통에 의존해, "매 순간이 메시아가 들어올 수 있는 작은 문"일 수 있다고 말한다(Walter Benjamin, *Über den Begriff der Geschichte*, hg. v. Gérard Raulet, Berlin 2010, 106).

21 Adorno, *Zur Lehre von der Geschichte und von der Freiheit (1964/1965)*, Frankfurt/M. 2006, 251.

22 Jean-Jacques Rousseau, *Der Gesellschaftsvertrag*, Frankfurt/M. 1978, 39.

23 Walter Jaeschke, "Die vergessene Geschichte der Freiheit", in: *Hegel-Jahrbuch 1993/1994*, Berlin 1995, 65-74 참조. 그러나 헤겔의 제자이자 맑스의 스승인 에두아르트 간스는 헤겔을 좇아 그의 강의에서 이러한 관점을 다루었다. Eduard Gans, *Naturrecht und Universalrechtsgeschichte. Vorlesungen nach G. W. F. Hegel*, hg. v. E. Braun, Tübingen 2005 참조.

역사와 자유의식

24 G. W. F. Hegel, *Grundlinien der Philosophie des Rechts*, GW 14,1, 45, §29.

25 같은 책의 주해.

26 GW 14, 1, 110 §124, 주해.

27 같은 책, 46, §30.

28 GW 14, 1, 175 §209, 주해.

29 같은 책, 217 (주해의 주1).

30 Andreas Arndt, "Zum Problem der Menschenrechte bei Hegel und Marx", in: *Menschenrechte: Rechte und Pflichten in Osten und West*, hg. v. K. Wegmann u. a. Münster 2001, 213‒236.

31 GW 14, 1, 115, §132, 주해.

32 같은 책, 135, §141과 주해.

33 G. W. F. Hegel, *Vorlesungen über Rechtsphilosophie 1818-1831*, hg. v. K.-H. Ilting, 4 Bde., Stuttgart-Bad Cannstatt 1973 f., Bd. 4, 416 (Nachschrift Griesheim 1824/25).

34 GW 14, 1, 14,3 §157. 이를 GW 14, 2, 727과 비교해 볼 것. "반성 ‒ 법―도덕성 ‒ 추상적 계기들 ‒ 특수성으로 전락 […] 부분적인 것에(추상적인 것에) 보편성의 형식을 ― 오직 형식을".

35 같은 책, 201, §258.

36 G. W. F. Hegel, *Grundlinien der Philosophie des Rechts oder Naturrecht und Staatswissenschaft im Grundrisse*, hg. v. H. Klenner, Berlin 1981, 318, §273, 보론.

37 GW 14, 1, 15.

38 발터 예슈케는 헤겔이 정신의 역사성을 결국에는 세계사로 환원했으며 이를 통해 본래 필수적인 역사의 정신철학적인 정초를 하지 못했다는 테제를 제시한다. Walter Jaeschke, "Die Geschichtlichkeit der Geschichte", in: *Hegel-Jahrbuch 1995*, Berlin 1996, 363‒373.

39 GW 9, 25 f.

40 같은 책, 26.

미주

41 G. W. F. Hegel, *Enzyklopädie der philosophischen Wissenschaften im Grundrisse (1830)*, GW 20, 382, § 382.

42 GW 18, 153.

43 Axel Honneth. *Das Recht der Freiheit. Grundriß einer demokratischen Sittlichkeit*, Frankfurt/M. 2013, 107.

44 같은 곳.

45 G. W. F. Hegel, *Wissenschaft der Logik. Zweiter Band. Die Subjektive Logik*, GW 12, 236.

46 G. W. F. Hegel, *Enzyklopädie (1830)*, GW 20, 382, § 384.

47 Andreas Arndt, *Die Arbeit der Philosophie*, Berlin 2003, 참조.

48 G. W. F. Hegel, *Vorlesungen über die Philosophie der Geschichte*, HW 12, 529. 맑스가 한 말로 잘못 인용되곤 하는, 물구나무 선 헤겔을 바로 세워야 한다는 엥겔스의 격언(MEGA² I/30, 149)은 이를 참조한 것이다. 소위 '역사 유물론'의 토대-상부구조 도식에 이를 적용해 보면, 엥겔스가 여기서 상부구조의 역작용을 말한다고 해도 그가 더 나아간 것은 아니라는 사실을 알 수 있다. 맑스에게 중요했던 것은 "이론은 그것이 대중을 장악하자마자 물질적인 힘이 된다"는 것이었다(MEGA² I/2, 177).

49 Andras Gedö, "Philosophie zwischen den Zeiten. Auseinandersetzungen um den Philosophiebegriff im Vormärz", in: *Philosophie und Literatur im Vormärz. Der Streit um die Romantik (1820-1854)*, hg. v. W. Jaeschke, Hamburg 1995, 1 - 39, 여기서는 24.

50 GW 18, 153

51 G. W. F. Hegel, *Werke*, Bd. 9, *Vorlesungen über die Philosophie der Geschichte*, Berlin 1837.

52 G. W. F. Hegel, *Vorlesungen über die Philosophie der Religion. Nebst einer Schrift über die Beweise vom Daseyn Gottes. Zweiter Theil*, hg. v. P. Marheineke, Berlin 1840, 340 ff.

53 G. W. F. Hegel, *Vorlesungen über die Philosophie der Religion. Teil 3. Die vollendete Religion*, hg. v. W. Jaeschke, Hamburg 1984, 262.

54 GW 14, 1, 281.

55 Hegel, *Philosophie der Religion. Teil 3*. Hamburg 1984, 264.

56 Hegel, *Vorlesungen über die Philosophie der Geschichte*, HW 12, 528

57 G. W. F. Hegel, *Vorlesungen über die Geschichte der Philosophie*, Bd. 3, HW 20, 331. Joachim Ritter, *Hegel und die Französische Revolution*, Frankfurt/M. 1965, 참조.

58 G. W. F. Hegel, *Vorlesungen über die Geschichte der Philosophie*, Bd. 3, Hegel, *Werke. Theorie-Werkausgabe*, Frankfurt/M. 1970, Bd. 20, 314.

59 같은 책, 332.

60 Walter Jaeschke, "Die vergessene Geschichte der Freiheit", in: *Hegel-Jarhbuch 1993/94*, Berlin 1995, 65-74.

61 GW 14, 1, 274.

62 Hegel, *Grundlinien der Philosophie des Rechts*, GW 14, 1, 15.

63 같은 책, 16.

64 G. W. F. Hegel, *Vorlesungen über die Philosophie der Religion. Nebst einer Schrift über die Beweise vom Daseyn Gottes. Zweiter Theil*, hg. v. P. Marheineke, Berlin 1840, 356.

65 G. W. F. Hegel, *Briefe von and an Hegel*, Bd. 1, Hamburg 1969, 23 f.

66 같은 책, 253.

67 같은 곳.

68 G. W. F. Hegel, *Vorlesungen über die Philosophie der Religion. Teil 3. Die vollendete Religion*, hg. v. W. Jaeschke, Hamburg 19844, 262.

69 Walter Jaeschke, *Hegel-Handbuch*, Stuttgart und Weimar 2003, 502.

70 Heinrich Heine, *Werke und Briefe*, 10 Bde., hg. v. H. Kaufmann, Berlin und Weimar 1972, Bd. 5, 216, 참조.

71 G. W. F. Hegel, *Vorlesungen über die Geschichte der Philosophie. Teil 4. Philosophie des Mittelalters und der neueren Zeit*, hg. v. P. Garniron und W. Jarschke, Hamburg 1986, 61 ff.

72 GW 18, 142.

미주

73   Hamburg 1981 (Berlin 1838).

74   Peter Furth, *Phänomenologie der Enttäuschungen. Ideologiekritik nachtotalitär*, Frankfurt/M. 1991, Kap III ("Romantik der Entfremdung"). 소외의 낭만주의에 비해 약한 의미의 비판적 소외 개념은 라헬 예기에 의해 제시되었다. Rahel Jaeggi, *Entfremdung. Zur Aktualität eines sozialphilosophischen Problems*, Frankfurt/M. 2005.

75   Andreas Arndt, "'Neue Unmittelbarkeit'. Zur Aktualisierung eines Konzepts in der Philosophie Vormärz", in: *Philosophie und Literatur im Vormärz, Der Streit um die Romantik (1820 - 1854)*, hg. v. W. Jaeschke, Hamburg 1995, 207 - 233.

76   Georg Lukács, "Die Verdinglichung und das Bewußtsein des Proletariats", in: *Geschichte und Klassenbewußtsein. Studien über marxistische Dialektik*, Berlin 1923, 94 - 228 참조. 여기서는 헤겔의 절대자를 대체하는 프롤레타리아트의 주객 동일자 속에서 소외가 지양된다. 근본적이고 더욱 현실성을 갖는, 그러나 아쉽게도 현재의 논의 속에서는 거의 주목받지 못하는 "사회적 급진주의 비판"이 거의 동시대인 1924년에 헬무트 플레스너에 의해 "공동체의 한계"라는 주제로 제시된 바 있다(Helmuth Plessner, *Gesammelte Schriften 5. Macht und menschliche Natur*, Frankfurt/M. 1981, 7 - 133.)

77   Karl Löwith, *Von Hegel zu Nietzche. Der revolutionäre Bruch im Denken des neunzehnten Jahrhunderts*, Hamburg 1995 (1941).

78   Walter Jaeschke, *Die Vernunft in der Religion. Studien zur Grundlegung der Philosophie Hegels*, Stuttgart-Bad Cannstatt 1986; Walter Jaeschke, *Hegel-Handbuch*, Stuttgart und Weimar 2003, 510 - 537; Heinz und Ingrid Pepperle, "Einleitung", in: *Die Hegelsche Linke. Dokumente zu Philosophie und Politik im deutschen Vormärz*, hg. v. H. und I. Pepperle, Leipzig 1986, 5 - 44 참조.

79   David Friedrich Strauß, *Das Leben Jesu, kritisch bearbeitet*, 2 Bde., Tübingen 1835/36.

80   David Friedrich Strauß, *Streitschriften zur Verteidigung meiner Schrift über das Leben Jesu und zur Charakteristik der gegenwärtigen Theologie. Drittes Heft* (Tübingen 1836), 재출간 in: *Die Hegelsche Linke*, Leipzig 1986, 51 - 67, 여기서는 60. f.

81   Heinrich Leo, *Die Hegelingen. Actenstücke und Belege zu der s.g. Denunciation der ewigen Wahrheit*, Halle 1839, 2.

82   GW 9, 25.

83   Bruno Bauer, "Die Posaune des jüngsten Gerichts über Hegel, den Atheisten und Antichristen. Ein Ultimatum", in: *Die Hegelsche Linke*, Leipzig 1986, 235 - 372, 여기서는 283.

84 같은 책, 301.

85 Bruno Bauer, *Kritik der evangelischen Geschichte der Synoptiker*, Bd. 1, Leipzig 1841, XXI.

86 Kurt Röttgers, *Kritik und Praxis. Zur Geschichte des Kritikbegriffs von Kant bis Marx*, Berlin und New York 1975, 193-218. 이 글은 바우어가 ― 비판적일지언정 ― 헤겔의 해석가이고자 했지만, 여러 측면에서 헤겔보다는 피히테에 근접하고 있었다는 것을 보여 주었다.

87 Bruno Bauer, "Die Gattung und die Masse"(1844), in: *Feldzüge der reinen Kritik*, hg. v. H.-M. Saß, Frankfurt/M. 1968, 222 f.

88 Ludwig Feuerbach, "Zur Beurteilung der Schrift 'Das Wesen des CHristentums'", in: *Gesemmelte Werke*, Bd. 9, Kleinere Schriften II (1839 - 1846), hg. v. W. Schuffenhauer, Berlin 1982, 229 - 242, 여기서는 231. "헤겔은 종교와 철학을 동일시하며, 나는 양자의 특수한 차이를 강조한다. [···] 헤겔은 주체적인 것을 객체화하며, 나는 객관적인 것을 주체화한다. [···] 헤겔은 종교의 내용을, 대상을 형식으로부터, 기관으로부터 구분하며 분리시키지만, 나는 형식과 내용을, 기관과 대상을 동일시한다. 헤겔은 무한한 것에서 출발하지만, 나는 유한한 것에서 출발한다. 헤겔은 유한한 것을 무한한 것으로 대체하지만, [···] 나는 무한한 것을 유한한 것으로 대체한다.

89 August von Cieszkowski, *Prolegomena zur Hostoriosophie*, Hamburg 1981 (최초에는 Berlin 1838), 3.

90 같은 책, 96.

91 같은 책, 97.

92 Arnold Ruge, "[Rez. zu] Ernst Moritz Arndt: Erinnerung", in: *Die Hegelsche Linke*, Leipzig 1986, 179.

93 같은 책, 180.

94 Wolfgang Mönke, "Einleitung", in: Moses Hess, *Philosophische und sozialistische Schriften 1837 - 1850*. Eine Auswahl, Berlin 1980, XIII - CIII.

95 Stuttgart 1837, in: Hess, *Schriften*, 3 - 74.

96 같은 책, 65, 참조.

97 같은 책, 66.

미주

98 Leipzig 1841; in: Hess, *Schriften*, 77-166.

99 같은 책, 77.

100 같은 책, 77 f.

101 같은 책, 80. 헤스는 여기서 분명히 치에스코프스키의 『역사학에 대한 예비지식』에 의존하고 있다.

102 같은 책, 210 - 226.

103 같은 책, 210.

104 같은 책, 211.

105 같은 책, 218.

106 MEGA² I/2, 277.

107 같은 책, 292.

108 같은 책, 389.

109 Friedrich Engels, "Ludwig Feuerbach und der Ausgang der klassischen deutschen Philosophie", in: MEGA² I/30, 131.

110 Ludwig Feuerbach, "Grundsätze der Philosophie. Notwendigkeit einer Veränderung", in: *Entwürfe zu einer Neuen Philosophie*, Hamburg 1996, 123 f.

111 *Unzeit des Biedermeiers. Historische Miniaturen zum Deutschen Vormärz 1830 - 1848*, hg. v. H. Bock und W. Heise, Leipzig 1985, 참조.

112 Feuerbach, *Entwürfe zu einer Neuen Philosophie*, Hamburg 1996, 119.

113 같은 책, 120.

114 이어지는 서술은 전반적으로 다음 논문에서 참조한 것이다. Andreas Arndt, "'Die ungeheure Arbeit der Weltgeschichte'. Anmerkungen zur historischen Perspektive in der 'Phänomenologie des Geistes'", in: *Synthesis Phlosophica* 22 (2007), 9 - 17.

115 GW 9, 25.

116 같은 책, 30.

117 같은 책, 25.

118 같은 곳.

119 같은 책, 25 f.

120 같은 책, 26.

121 같은 곳.

122 같은 곳.

123 같은 책, 27.

124 같은 책, 26, 참조.

125 같은 책, 25.

126 Gustav Falke, *Begriffne Geschichte. Das historische Substrat und die systematische Anordnung der Bewußtseinsgestalten in Hegels Phänomenologie des Geistes*, Berlin 1996, 참조.

127 Christine Weckwerth, *Metaphysik als Phänomenologie. Eine Studie zur Entstehung und Struktur der Hegelschen "Phänomenologie des Geistes"*, Würzburg 2000, 196 ff. 참조. 역사 전반의 문제에 관해서는 본서의 6장 2절을 참조.

128 Brandy Bowman, *Sinnliche Gewißheit. Zur systematischen Vorgeschichte eines Problems des deutschen Idealismus*, Berlin 2003.

129 더 자세한 내용은 Andreas Arndt, *Die Arbeit der Philosophie*, Berlin 2003, 25 ff. 참조.

130 GW 8, 217 참조. "토지, 나무가 경작되어 형태가 생겨나고 또 중단되는 곳에서도 각 땅덩어리의 내부는 건드려지지 않고 남아 있다."(*Jenaer Systementwürfe III*)

131 같은 곳.

132 같은 책, 221 f.

133 같은 책, 227.

134 같은 곳.

135 MEGA² I/2, 404 f. Andreas Arndt, "'...wie halten wir es nun mit der hegel'schen Dialektik?' Marx' Lektüre der *Phänomenologie* 1844", in: *Hegels "Phänomenologie des Geistes"heute*, hg. v. a. Arndt und E. Müller, Berlin 2004, 245 – 255.

136 MEGA² I/2, 389.

137 다음 인용문까지 같은 책.

138 Peter Furth, "Romantik der Entfremdung", in: ders., *Phänomenologie der Enttäuschungen. Ideologiekritik nachtotalitär*, Frankfurt/M. 1991, 44 ff.

139 Maria Daskalaki, *Vernunft als Bewusstsein der absoluten Substanz. Zur Darstellung des Vernunftbegriffs in Hegels "Phänomenologie des Geistes"*, Berlin 2012, 참조.

140 GW 9, 423.

141 같은 곳.

142 GW 7, 88 f.; GW 12, 78 ff.

143 GW 9, 424.

144 같은 곳.

145 같은 책, 425.

146 GW 14, 1, 281.

147 MEGA² I/2, 154.

148 Ludwig Feuerbach, *Gesammelte Werke*, hg. v. W. Schuffenhauer, Bd. 17, Berlin 1984, 105.

149 같은 곳.

150 MEGA² I/1, 68.

151 G. W. F. Hegel, *Vorlesungen über die Philosophie der Religion. Nebst einer Schrift über die Beweise vom Daseyn Gottes. Zweiter Theil*, hg. v. P. Marheineke, Berlin 1840, 356.

152 GW 4, 12 f.

153 같은 책, 13.

154 같은 책, 14.

155 같은 곳.

156 같은 책, 13.

157 Max Horkheimer und Theodor W. Adorno, *Dialektik der Aufklärung. Philosophische Fragmente*, Amsterdam 1944, 306.

158 같은 책, 307.

159 다음 인용까지 MEGA² I/1, 67.

160 같은 책, 67 f.

161 같은 책, 68.

162 같은 곳.

163 같은 곳.

164 같은 책, 68 f.

165 다음 인용까지 같은 책, 68.

166 같은 곳 참조.

167 같은 곳.

168 같은 곳.

169 MEGA² II/1.1, 37.

170 MEGA² III/9 155.

171 GW 19, 289 (*Enzyklopädie 1827*, § 382).

172 GW 12, 238.

173 MEGA² I/2, 6.

174 GW 14, 1, 210.

175 MEGA² I/2, 8.

176 같은 책, 7.

177 같은 책, 8.

178 같은 곳.

179 같은 책, 40.

180 같은 곳.

181 MEGA² I/2, 25.

182 같은 책, 97.

183 MEGA² I/2, 18.

184 같은 책, 101.

185 MEGA² I/2, 171. 맑스가 얼마 지나지 않아 독일에서의 이론적 해방의 역사를 요약하는 가운데 루터의 자유에 대한 이해를 예찬했다는 사실로부터(177) 자유의 역사라는 헤겔의 구상에 대한 관계가 분명히 드러난다. 루터의 입장을 불만족스럽고 모순적이라고 간주했다는 점 역시 맑스가 헤겔과 공유하는 지점이다. 이에 관해서는 G. W. F. Hegel, *Vorlesungen über die Geschichte der Philosophie. Teil 4. Philosophie des Mittelalters und der neueren Zeit*, hg. v. P. Garniron und W. jaeschke, Hamburg 1986, 61 ff. 참조.

186 MEGA² I/2, 172.

187 같은 책, 175. "꿈의 역사"에 대한 이러한 언급을 발터 벤야민의 『파사주 연구(Passagenwerk)』에서 꿈의 역할과 연결시킨다면 매우 흥미로울 것이다. 벤야민에게서도 꿈은 역사적 상황을 표현하는 이데올로기적 형태를 나타낸다. 이 점에서도 맑스는 헤겔로 돌아간다. 앞서 인용된, 독일인들은 수면용 모자를 쓰고 두뇌로만, 철학으로만 프랑스혁명에 참여했다는 테제를 떠올려 보라.

188 같은 책, 176.

189 같은 곳.

190 같은 책, 181 f.

191 같은 책, 182.

192 "새로운 철학은 헤겔적인, 전적으로 기존의 철학의 실현이다. 그러나 이 실현은 동시에 그
    것의 부정이며, 그것도 무모순적 부정이다." (Ludwig Feuerbach, "Grundsätze der
    Philosophie der Zukunft", in: Feuerbach, *Gesammelte Werke*, Berlin 1967 ff. Bd. 9. 295.)

193 MEGA² I/2, 183.

194 Jens Petersen, *Die Eule der Minerva in Hegels Rechtsphilosophie*, Berlin und New York
    2010, 135 ff. (§ 5) 참조.

195 "역사의 투영 공간으로서의 미래"에 관해서는 Johannes Rohbeck, *Aufklärung und
    Geschichte. Über eine praktische Geschichtsphilosophie der Zukunft*, Berlin 2010, 186 ff.
    참조. 어떤 관점에서 맑스는 칸트의 "예언적" 역사 서술로 회귀한다. 칸트에게서 "예언자는
    그가 미리 예고한 사건 자체를 만들고 주조한다." (Immanuel Kant, "Der Streit der
    Facultäten", in: *Werke*. Akademie Textausgabe, Berlin 2012, 124 – 127.)

196 MEGA² I/2, 292.

197 이러한 전환에 대해서는 Andreas Arndt, *Karl Marx. Versuch über den Zusammenhang
    seiner Theorie*, Berlin 2012 참조.

198 MEW 4, 143.

199 GW 14, 1, 15.

200 MEW 3, 35.

201 MEGA² I/22, 205 f.

202 1881년 2월 22일, MEW 35, 160.

203 GW 14, 1, 193.

204 GW 4, 451 f.

205 같은 곳.

206 MEGA² III/1, 52.

미주

207 MEGA² I/2, 147.

208 같은 책, 148.

209 §481.

210 §482.

211 완전히 다른 이론적 전제로부터이긴 하지만, 이 지점에서 페터 비에리는 헤겔과 일치한다. Peter Bieri, *Das Handwerk der Freiheit. Über die Entdeckung des eigenen Willens*, Frankfurt/M. 2003.

212 Hegel, *Ästhetik*, hg. v. F. Bassenge, Berlin und Weimar 1965, Bd. 1, 62 f. ("Einleitung Der Zweck der Kunst").

213 Enzyklopädie 1830, §474, 주해.

214 같은 책, §476.

215 같은 책, §475, 주해.

216 같은 책, §480.

217 GW 6, 324.

218 I, 2, 1253a, 1.

219 GW 14, 1, 165 (§189).

220 Frank Ruda, *Hegels Pöbel. Eine Untersuchung der "Grundlinien der Philosophie des Rechts"*, Konstanz 2011.

221 GW 14, 1, 195, §246.

222 같은 책, 194, §244.

223 같은 책, §245.

224 MEGA² I/10, 126.

225 GW 14, 1, 194, §245.

226 같은 곳.

227 같은 책, § 245 주해.

228 같은 책, 195 f., § 247 f.

229 G. W. F. Hegel, *Vorlesungen über Rechtsphilosophie 1818 – 1831*, hg. v. K.-H. Ilting, Bd. 4, Stuttgart-Bad Cannstatt 1973, 605 f.

230 GW 26, 1, 112 f. (Nachschrift Wannenmann 1817/18, § 102).

231 G. W. F. Hegel, *Die Philosophie des Rechts. Vorlesung von 1821/22*, hg. v. Hansgeorg Hoppe, Frankfurt/M. 2005, 222.

232 같은 책, 223.

233 GW 14, 1, 194, § 244.

234 Hegel, *Die Philosophie des Rechts 1821/22*, 222 f.

235 GW 5, 361.

236 GW 14, 1, 201, § 258 주해.

237 GW 9, 250

238 MEW 2, 37.

239 G. W. F. Hegel, *Grundlinien der Philosophie des Rechts oder Naturrecht und Staatswissenschaft im Grundrisse*, Nach der Ausgabe von Eduard Gans, hg. v. H. Klenner, Berlin 1981, 269.

240 MEGA² I/2, 6.

241 같은 곳.

242 MEGA² I/2, 97.

243 GW 14, 1 §§ 188 과 208.

244 맑스가 1858년 4월 2일 그의 친구 프리드리히 엥겔스에게 공유한 『자본론』의 체계 기획을 참조(MEGA² III/9, 125).

245 같은 곳.

246 MEGA² II/10, 523.

247 Cherbuliez, *Richesse ou pauvreté* 1841, 58. "une conséquence rigoureuse de la loi d'appropriation, de cette meme loi dont le principle fondamental était l'atribution exclusive á chaque travailleur des produits de son travail)." 맑스에 의해 MEGA² II/10, 523에서 인용(번역은 맑스의 것).

248 MEGA² II/1, 416 f.

249 같은 책, 416.

250 MEGA² II/3.5, 1818.

251 같은 곳.

252 예컨대 *Das Kapital*, Bd. 1, MEGA² II/10, 523 f.

253 MEGA' II/1.2, 556.

254 MEGA² II/1.2, 555 f.

255 MEGA² II/1.2, 377.

256 MEGA² II/2, 60 f. 참조. Fred E. Schrader, *Restauration und Revolution. Die Vorarbeiten zum "Kapital" von Karl Marx in seinen Studien 1850 – 1858*, Hildesheim 1980, 185 ff.

257 MEGA² II/1.1, 25.

258 MEGA² II/1.1, 103 f.

259 쿠겔만에게 쓴 1868년 7월 11일의 편지, MEW 32, 552.

260 MEGA² II/15, 794 f.

261 모이셰 포스톤의 걸출한 분석이 여기 덧붙여져야 한다. Moische Postone, *Time Labour and social Domination*, Cambridge 1993.

262 MEGA² II/10, 455 f.

263 MEGA² II/1.2, 581.

역사와 자유의식

264 같은 책, 582.

265 이에 관한 상세한 설명으로는 Andreas Arndt, "Arbeit und Nichtarbeit", in: *Kolleg Praktische Philosophie*. Bd. 4, Recht auf Rechte, hg. v. Franz Joseph Wetz, Stuttgart 2008, 89-115.

266 MEGA² II/10, 77.

267 MEW 4, 475.

268 MEW 17, 552. 영어 원문은 "real proprietorship of the fruits of his labour" (MEGA¹ I/22, 62).

269 MEGA² II/10, 685.

270 동독(DDR)의 말기에 미하엘 브리(Michael Brie)는 다음과 같은 인식에 도달했다. "최상의 사회와의 토대 위에서의 개인적 소유, 공동체적 생산 조건에 대한 집합적이고 사회적인 점유 형태를 통해 매개된 개인적 전유, 생산과정에 대한 의식적인 사회적 통제를 조건으로 갖는 개인적 자유 — 이러한 단어들을 통해 맑스의 사회주의/공산주의관에 대한 본질적 원칙들을 특징지을 수 있다."(Michael Brie, *Wer ist Eigentümer im Sozialismus*, Berlin 1989, 106) 이러한 개인적 소유 범주는 거의 어떠한 주목도 얻지 못했다. 그 이전에 예외가 있다면 헤르베르트 마르쿠제(Herbert Marcuse)가 1968년 행한 강연 "자유와 필연성. 새로운 규정을 위한 특징들"인데, 여기서 그는 이 범주를 개인의 자유와 연결시켰다. "제가 보기에, 우리는 사회주의를 정의할 때 이러한 특수한 그리고 오늘날 특히나 소홀히 다뤄지고 있는 개인적 소유 개념의 재수용을 사회주의의 본질적인 특징들에 대한 관점으로, 즉 새로운 생활 형식에 대한 관점으로 파악해야 합니다." (Marcuse, *Aufsätze und Vorlesungen 1948 - 1969. Versuch über die Befreiung*, Frankfurt/M. 1984 [Schriften Bd. 8], 227 - 235, 여기서는 232). 물론 마르쿠제는 개인적 소유의 법적 측면들을 주제화한 것은 아닌데, 왜냐하면 그는 자유와 필연성을 소외의 극복이라는 의미에서만 사용할 뿐, 맑스적인 의미에서 두 개의 왕국으로 설정하려 하지 않았기 때문이다.

271 완전하진 않지만 다음과 같이 나열해 볼 수 있다. Ernst Bloch, *Naturrecht und menschliche Würde*, Frankfurt/M. 1975(1961), 206 - 238; Christian Schefold, *Die Rechtstheorie des jungen Marx von 1842. Mit einer Interpretaion der 'Pariser Schriften' von 1844*, München 1970; Wolf Pail, *Marxistische Rechtstheorie als 'Kritik des Rechts'. Intentionen, Aporien und Folgen des Rechtsdenkens von Karl Marx — eine kritische Rekonstruktion*, Frankfurt/M. 1973; Umberto Cerroni, *Marx und das moderne Recht*, Frankfurt/M. 1974; *Probleme der marxistischen Rechtstheorie*, hg. v. Hubert Rottleutner, Frankfurt/M. 1975; Maureen Elizabeth Cain, *Marx and Engels on Law*, London 1979; Hermann Klenner, *Vom Recht der Natur zur Natur des Rechts*, Berlin 1984; Andrea Maihofer, *Das Recht bei Marx*, Baden-Baden 1992; Christoph Menke, "Die 'andre Form' der Herrschaft. Marx' Kritik des Rechts", in: *Nach Marx. Philosophie, Kritik, Praxis*, hg. v. Rahel Jaeggi und Daniel

미주

Loick, Frankfurt/M. 2013, 273 - 295; Daniel Loick, "Abhängigkeitserklärung. Recht und Subjektivität" in: ebd., 296 - 318.

272 맑스의 경제학 비판을 세분화한 최초의 구상은 1857년 8월의 『정치경제학 비판 요강』의 "서문"에서 발견된다(MEGA² II/1.1, 43). "다음과 같은 분류가 이뤄질 것이다. 1) 일반적이고 추상적인, 따라서 어느 정도 모든 사회형태에 귀속되는 규정들 […] 2) 부르주아 사회의 내적 구조를 형성하며 기본 계급들의 발생을 말해 주는 범주들 […] 3) 국가 형태에서 부르주아 사회의 요약 […] 4) 생산의 국제 관계 […] 5) 세계시장과 공황." 이러한 계획은 『요강』을 집필하는 과정에서 여러 번 변형되고 특수화된다. "화폐에 관한 장"에서는 다섯 절로 이뤄진 구조가 발견된다. 1. 교환가치, 화폐, 가격, 2. 생산의 내적 구조, 3. 국가, 4. 국제 관계, 5. 세계시장과 공황(같은 책, 151 f.)

273 맑스의 1859년 『정치경제학 비판을 위하여』의 첫째(이자 유일한) 노트에 대한 "서문"을 참조. "경제적 토대의 변화와 함께 거대한 전체 상부구조는 천천히 또는 빠르게 변혁된다. 그러한 변혁에 대한 고찰 속에서는 언제나 물질적인 자연과학적으로 정확히 확인 가능한 경제적 생산 조건들의 변혁과 법률적, 정치적, 종교적, 예술적 또는 철학적, 짧게 말해 인간이 이러한 갈등을 의식하고 맞서 싸우는 이데올로기적 형태들의 변혁을 구분할 수 있다."(MEGA² II/2, 101)

274 안드레아 마이호퍼는 올바르게도 토대-상부구조로 법을 편입시키는 맑스 해석 속에서도 그마로 제시된 견해는, 이러한 도식이 해결책을 표현하지 못하고, 토대-상부구조 테제가 "사회현상에 대한 새로운 이론적 전망의 메타포"라는 과제만을 정식화한다는 이유에서 실패했다고 강조한다. (Das Recht bei Marx, Baden-Baden 1992, 45).

275 MEGA² II/2, 99 f.

276 MEGA² I/2, 107 ("최근 프로이센 검열 훈령에 대한 논평")

277 MEGA² I/2, 150 "언론 자유에 관한 논쟁".

278 같은 책, 288.

279 MEW 3, 26.

280 같은 책, 62.

281 MEGA² II/10, 82.

282 MEW 3, 311.

283 같은 곳.

284 같은 책, 75.

285 MEW 4, 480.

286 같은 책, 575.

287 "그러나 모든 계급투쟁은 정치적 투쟁이다." MEW 4, 471.

288 같은 책, 481.

289 MEW 16, 558 ("토지 소유에 대한 맑스의 두 연설 기록", 1869); 영어 원문은 "The plea of social necessity was superior to the claim of abstact right. Every thing, every possible form of oppression had been justified be abstract right". (MEGA² I/21, 671).

290 MEW 16, 194 ("중앙위원회 대표단을 위한 조례", 1866) 영어 원문은 다음과 같다. "This can only be effected by converting social reason into social force, and, under given circumstances, there exists no other method of doing so, than through general laws, enforced by the power of the state. In enforcing such laws, the working class do not fortify governmental power. On the contrary, they transform that power, now used against them, into their own agency. They effect by a general act whar they would vainly attempt by a multitude of isolated individual efforts." (MEGA² I/20, 231).

291 MEGA² II/10, 207-272.

292 MEW 16,192 ff. 영어 원문은 다음과 같다. "A preliminary condition, without which all further attempts at improvement and emancipation must prove abortive, is the limitation of the working day. It is needed to restore the health and physical energies of the working class, that is the great body of every nation, was well as to secure them the possibility of intellectual development, sociable intercourse, social and political action." MEGA² I/20, 229 ff.

293 MEW 4, 481 f. ("공산당선언").

294 MEW 16, 367 - 369 ["상속권에 대한 보고(Bericht über das Erbrecht)", 1869]. 영어 원문은 다음과 같다. "All measures, in regard to the right of inheritance, can therefore only relate to a state of social transition, where, on the one hand, the present economical base of society is not yet transformed, but where, on the other hand, the working masses have gathered strength enough to enforce transitory measures calculated to bring about an ultimate radical change of society" (MEGA² I/21, 133).

295 MEGA² I/25, 21 f.

미주

183

296 MEGA² I/20, 231 ff. 참조.

297 MEW 18, 634.

298 MEW 4, 482.

299 같은 곳.

300 MEGA² I/25, 13 f.

301 같은 책, 14.

302 같은 곳.

303 같은 책, 15.

304 Eugen Pashukanis, *Allgemeine Rechtslehre und Marxismus. Versuch einer Kritik der juristischen Grundbegriffe*. Frankfurt/M. 1970 (Archiv sozialistischer Literatur 3).

305 같은 책, 47.

306 같은 책, 60.

307 MEGA² II/10, 37.

308 Pashukanis, *Rechtslehre*, 87.

309 같은 책, 88.

310 같은 책, 73.

311 같은 책, 76.

312 같은 책, 100.

313 같은 책, 135.

314 G. W. F. Hegel, *Grundlinien der Philosophie des Rechts*, GW 14, 1, 52.

315 MEGA² II/1, 22.

316 Pashukanis, *Rechtslehre*, 92 f. 참조.

역사와 자유의식

317 같은 책, 34.

318 같은 책, 81.

319 같은 책, 114.

320 같은 책, 132.

321 같은 책, 141.

322 같은 곳.

323 같은 곳.

324 이어지는 서술은 나의 다음 논문에서 비롯하는 것이다. "헤겔과 맑스에게서 인권의 문제에 관하여(Zum Proclem der Menschenrechte bei Hegel und Marx)", in: *Menschrechte: Rechte und Pflichten in Ost und West*, hg. v. Konrad Wegmann u. a., Münster 2001, 213 – 236.

325 Friedrich Schiller, *Sämtliche Werke*, Bd. 2, München 1981, 959 (2 Aufzug, 2. Szene).

326 논문 "유대인 문제에 관하여(Zur Judenfrage)"에서 최초로 폭넓게 제시되었다. MEGA² I/2, 155-160.

327 "헤겔 법철학 비판 서문(Kritik der Hegelschen Rechtsphilosophie. Einleitung)"(1844), in: MEGA² I/2, 177.

328 Gabriel Amengual, "Gattungswesen als Solidarität. Die Auffassung vom Menschen in der Bestimmung des Gattungswesen als Begriff und Grundlegung der Solidarität", in: *Ludwig Feuerbach und die Philosophie der Zukunft*, hg. v. H.-J, Braunm H.-M. Sass, W. Schuffenhauer u. F. Tomasoni, Berlin 1990, 345 – 367 참조.

329 "Zur Judenfrage", MEGA² I/2, 157.

330 같은 책, 159.

331 같은 곳.

332 MEGA² II/10, 665 f. 참조.

333 GW 5, 279 ff. 참조.

미주

334 이 개념에 관해서는 Furth, *Phänomenologie der Enttäuschungen. Ideologiekritik nachtotalitär*, Frankfurt/M. 1991, 61-65 참조.

335 "Zur Judenfrage", MEGA² I/2, 161 f.

336 이에 관해서는 Andreas Arndt, *Karl Marx. Versuch über den Zusammenhang seiner Theorie*, Berlin 2011, 1-3장을 참조.

337 이에 관해서는 예를 들어 『자본론』 1권의 "자유로운 인간들의 연합"이라는 전망을 참조. 이 연합에서 생산은 개인적인 노동의 규정들이 직접적으로 사회적인 노동으로 간주되는 방식으로 조절된다(MEGA² II/10, 77 f.). 개인적인 보편성이라는 이러한 사고는 맑스의 시민적 낭만주의 입장의 원천에 속한다.

338 MEGA² III/9, 125 참조.

339 같은 곳.

340 이러한 과정에 관해서는 Fred E. Schrader, *Restauration und Revolution. Die Vorarbeiten zum "Kapital" von Karl Marx in seinen Studien 1850-1858*, Hildesheim 1980, 170-213 참조.

341 MEGA² II/1,2 417.

342 MEGA² II/15 794 f.

343 근본적으로 이 장은 다음 나의 논문의 축약된 판본이다. "...'unbedingt das letzte Wort aller Philosophie'. Marx und die hegelsche Dialektik", in: *Karl Marx — Perspektiven der Gesellschaftskritik*, hg. v. Rahel Jaeggi und Daniel Loick, Berlin 2013 (*Deutsche Zeitschrift für Philosophie*, Sonderband 34), 27-37; 이탈리아어로 번역된 축약된 판본은 다음에 수록되었다. "'Senz'altro l'ultima parola di tutta la filosifia', Marx e la dialettca hegeliana", in: *L'era di Antigone* 5 (2012), Milano, 255-261.

344 Andreas Arndt, "Hegel-Kritik" in: *Historisch-kritisches Wörterbuch des Marxismus*, hg. v. Wolfgang-Fritz Hauf, Bd. 5, Hamburg 2002, Sp. 1243-1258.

345 Andreas Arndt, "Lenin liest Hegel", in: *Hegel in der neueren Philosophie*, hg. v. Thomas Wyrwich, Hamburg 2011 (Hegel-Studien. Beihaft 55), 275-290 참조. 더 상세한 내용은 저자의 *Lenin-Politik und Philosophie. Zur Entwicklung einer Konzeption materialistischer Dialektik*, Bochum 1982 참조.

346 Kevin Anderson, *Lenin, Hegel and Western Marxism*, Chicago und Urbana 1995 참조.

347 MEGA² III/9, 155.

348 1858년 1월 16일, 엥겔스에게, MEGA² III/9, 25.

349 1868년 5월 9일, 디츠겐에게, MEW 32, 547.

350 같은 책, 27.

351 같은 곳.

352 같은 곳.

353 같은 책, 85.

354 같은 곳, 86.

355 MEGA² I/2, 9 f.

356 같은 책, 24 f.

357 MEGA² I/2, 100.

358 MEW 2, 60-62.

359 같은 책, 177.

360 MEW 3, 25.

361 같은 책, 49.

362 같은 곳.

363 MEGA² II/1.1, 36.

364 MEGA² II/10, 17.

365 GW 12, 263.

366 GW 11, 21.

367 Walter Jaeschke, *Hegel-Handbuch*, Stuttgart 2003, 530 ff. ("Der Streit um die Metaphysik"). 또한 Wilhelm Dilthey, *Der Aufbau der geschichtlichen Welt in den*

Geisteswissenschaftlichen. EInleitung von Manfred Riedel, Frankfurt/M. 1981, 184 참조.

368 "'절대이념'에 관한 전체 장에서 신이라는 단어는 거의 거론되지 않는다는 사실은 주목할 만하다. [⋯] 게다가 [⋯] 이 장은 전혀 **관념론**을 내용으로 하지도 않는다. 오히려 그것의 주요 대상은 **변증법적** 방법이다. 헤겔 논리학의 귀결, 총괄, 최종 결론 그리고 핵심은 **변증 법적** 방법이다. [⋯] 하나 더 지적하자면, 헤겔의 이 가장 관념론적인 저작 속에 가장 적은 관념론이 들어 있으며 가장 많은 유물론이 들어 있다. '모순적'이지만 실로 그러하다!" (Lenin, Werke, 40 Bde., Berlin 1955 ff., Bd. 38, 226.) 마르코 이오기오와 같은 분석적 맑스 해석가는 이에 반해, 맑스에게 변증법이 주변부에 머물러 있다고 강조한다. "인과원칙 이 아니라 변증법이 우주를 이끈다"는 가정은 비과학적 영역이기 때문이다(Marco Iorio, *Einführung in die Theorien von Karl Marx*, Berlin und Boston 2012, 38 f.).

369 Ludovicus De Vos, *Hegels Wissenschaft der Logik: Die absolute Idee. Einleitung und Kommentar*, Bonn 1983; "Die Wahrheit der Idee", in: *Der Begriff als die Wahrheit. Zum Anspruch der Hegelschen "Subjektiven Logik"*, hg. v Anton Friedrich Koch, Alexander Oberauer und Konrad Utz, Paderborn u. a. 2003, 153 – 169, "Idee", in: *Hegel-Lexikon*, hg. v. Paul Cobben u. a., Darmstadt 2006, 264 – 269.

370 완전하진 않지만 다음과 같이 나열해 볼 수 있다. Walter Jaeschke, "Absolute Idee — absolute Subjektivität", in: *Zeitschrift für Philosophische Forschung* 35 (1981), 358 – 416; Pirmin Stekeler-Weithofer, *Hegels Analytische Philosophie. Die Wissenschaft der Logik als kritische Theorie der Bedeutung*, Paderborn u. a. 1992, 404 – 418; Angelica Nuzzo "Absolute Methode und Erkenntnis der Wirklichkeit in der Philosophie Hegels", in: *Deutsche Zeitschrift für Philosophie* 44 (1996), 475 – 490; Gudrun von Düffel, *Die Methode Hegels als Darstellungsform des christlichen Idee Gottes*, Würzburg 2000 (v. a. Teil 2); Rainer Schäfer, "Hegels Ideenlehre und die dialektische Methode", in: *G. W. F. Hegel. Wissenschaft der Logik*, hg. v. Anton Friedrich Koch und Friedrike Schick, Berlin 2002 (*Klassiker Auslegen* 27), 243 – 264; Konrad Utz, "Absolute Methode?", in: *Der Begriff als die Wahrheit. Zum Anspruch der Hegelschen "Subjektiven Logik"*, hg. v Anton Friedrich Koch, Alexander Oberauer und Konrad Utz, Paderborn u. a. 2003, 189 – 207; Miriam WIldenauer, *Epistemologie freien Denkens. DIe logische Idee in Hegels Philosophie des endlichen Geistes*, Hamburg 2004; Hans Friedrich Fulda, "Hegels Logik der Idee und ihre epistemologische Bedeutung", in: *Hegels Erbe*, hg. v. Christoph Halbig u. a., Frankfurt/M. 2004, 78 – 137; Walter Jaeschke und Andreas Arndt, *Die Klassische Deutsche Philosophie nach Kant. Systeme der reinen Vernunft und ihre Kritik 1785 – 1845*, München 2012, 619 ff.

371 GW 21, 55 f. (*Seinslogik 1832*) 참조.

372 GW 12, 238 (*Begriffslogik*).

373 같은 책, 238.

역사와 자유의식

374 같은 곳.

375 같은 책, 238. 강조는 저자의 것.

376 같은 곳.

377 GW 12, 236.

378 G. W. F. Hegel, *Enzyklopädie* (1830), in: *Werke*, Frankfurt/M. 1971, Bd. 9, 20 (§ 246, Zusatz)

379 GW 11, 22 (*Wsenslogik*)

380 Hans-Friedrich Fulda, *Georg Wilhelm Friedrich Hegel*, München 2003, 143 f.; Walter Jaeschke: *Hegel-Handbuch*, Stuttgart 2003, 336 – 340.

381 G. W. F. Hegel, *Vorlesungen über die Philosophie der Natur*. Berlin 1819/20 hg. v. Martin Bondeli und Hoo Nam Seelmann, Habmurg 2002, 4.

382 GW 19, 289 (*Enzyklopädie 1827*, § 381).

383 GW 12, 236 (*Begriffslogik*).

384 GW 19, 290 (*Enzyklopädie 1827*, § 384).

385 GW 12, 25 (*Begriffslogik*) 참조.

386 GW 19, 289 (*Enzyklopädie 1827*, § 382).

387 GW 12, 253 (*Begriffslogik*).

388 G. W. F. Hegel, *Enzyklopä*die (1830) in: *Werke*, Frankfurt/M. 1981, Bd. 10. 14 f.

389 GW 12, 253 (*Begriffslogik*).

390 같은 곳.

391 실제로 헤겔이 분명히 "이행"(같은 곳)이라고 말하는 것은, 앞서 인용되었듯이, 이것이 논리적 의미에서의 이행이 아니라는 것을 분명히 밝히기 위해서다.

392 GW 12, 238 참조.

미주

393 GW 19, 415 (*Enzyklopädie* 1827, § 574).

394 GW 12, 25.

395 Sahra Wagenknecht, *Vom Kopf auf die Füße?: Zur Hegelkritik des jungen Marx oder Das Problem einer dialektisch-materialistischen Wissenschaftsmethode*, Bonn 1997, 역시 참조.

396 맑스의 헤겔과의 대결 ― 물론 청년 맑스에 한정되지만 ― 을 광범하게 재구성한 것으로는 Norman Levine, *Marx's Discourse whith Hegel*, New York 2012.

397 G. W. F. Hegel, *Enzyklopädie* (1830), in: *Werke*, Frankfurt/M. 1971, Bd. 9, 20 f. (§ 246, Zusatz).

398 GW 12, 253.

399 Nader Ahriman, *Meta-Kubismus*, Berlin 2013, 156.

400 같은 책, 147.

401 Annemarie Gethmann-Siefert, "EIne Diskussion ohne Ende: Zu Hegels These vom Ende der Kunst", in: *Hegel-Studien* 16 (1981), 230 - 243; Eva Geulen, *Das Ende der Kunst. Lesarten eines Gerüchts nach Hegel*, Frankfurt/M. 2002; Dae-Joong Kwon, *Das Ende der Kunst. Analyse und Kritik der Voraussetzungen von Hegels These*, Würzburg 2004.

402 다음 인용문까지 G. W. F. Hegel, *Ästhetik*, hg. v. Friedrich Bassenge, Berlin und Weimar 1965, Bd. 1, 110.

403 Theodor W. Adorno, *Ästhetische Theorie*, Frankfurt/M. 1995, 137.

404 G. W. F. Hegel, *Vorlesungen über die Philosophie der Religion. Teil 3. Die vollendete Religion*, hg. v. Walter Jaeschke, Hamburg 1984, 262.

405 같은 책, 269.

406 Erzsébet Rózsa, *Versöhnung und System. Zu Grundmotiven von Hegels praktischer Philosophie*, München 2005, 638 ff.

407 GW 19, 289 (*Enzyklopädie 1827*, § 382).

408 GW 5, 261 (*Introductio in Philosophiam*).

409 GW 5, 269 (*Logica et Metaphysica*).

410 Kazimir Drilo, *Leben aus der Perspektive des Absoluten. Perspektivwechsel und Aneignung in der Philosophie Hegels*, Würzburg 2003.

411 GW 14, 1, 115 § 132, 주해.

412 G. W. F. Hegel, *Vorlesungen über die Geschichte der Philosophie*, Bd. 3, HW 20, 331.

413 Alain Badiu, Platons *"Staat"*, Zürich und Berlin 2013.

414 같은 책, 223.

415 예컨대 109; 186 f. 참조.

416 같은 책, 158.

417 같은 책, 172.

418 같은 책, 152.

미주

역사와 자유의식
헤겔과 맑스의 자유의 변증법

제1판 1쇄 2021년 6월 30일

지은이 안드레아스 아른트
옮긴이 한상원
펴낸이 연주희
펴낸곳 에디투스
등록번호 제2015-000055호 (2015.06.23)
주소 경기도 성남시 분당구 황새울로351번길 10, 401호
전화 070-8777-4065
팩스 0303-3445-4065
이메일 editus@editus.co.kr
홈페이지 www.editus.co.kr

제작처 ㈜상지사피앤비

가격 18,000원

ISBN 979-11-91535-02-0 (93160)